巴尔扎克

Honore de
Balzac

巴尔扎克

Honore de Balzac

皮波人物国际名人研究中心 编著

国际文化出版公司

·北京·

图书在版编目（CIP）数据

巴尔扎克/皮波人物国际名人研究中心编著.--北京：
国际文化出版公司，2013.1（2024.2重印）
（名人传记丛书）
ISBN 978-7-5125-0411-0

Ⅰ.①巴…　Ⅱ.①皮…　Ⅲ.①巴尔扎克，H.D.
（1799～1850）—传记　Ⅳ.①K835.655.6

中国版本图书馆CIP数据核字（2012）第199538号

巴尔扎克

作　　者	皮波人物国际名人研究中心　编著
责任编辑	李　璞
统筹监制	葛宏峰　刘　毅 任立雍
策划编辑	黄　威
美术编辑	丁銈煜
出版发行	国际文化出版公司
经　　销	国文润华文化传媒（北京）有限责任公司
印　　刷	北京一鑫印务有限责任公司
开　　本	700毫米×1000毫米　　　16开
	10印张　　　　　　　　95千字
版　　次	2013年1月第1版
	2024年2月第3次印刷
书　　号	ISBN 978-7-5125-0411-0
定　　价	38.00元

国际文化出版公司
北京市朝阳区东土城路乙9号　　　　邮编：100013
总编室：（010）64270995　　　　传真：（010）64270995
销售热线：（010）64271187
传真：（010）64271187-800
E-mail：icpc@95777.sina.net

目录

目录

小说家的成长

与众不同的孩子

文学巨匠巴尔扎克

奥诺雷·德·巴尔扎克是法国文学史上最伟大的批判现实主义作家，他的《人间喜剧》奠定了他在批判现实主义文学中的坚实地位。在他20余年的写作生涯中，创作了百余部作品，其中有91部成为不朽的传世之作，而他所塑造的2400多个不同类型的人物形象，是留给后人的宝贵艺术珍品。他的作品是人类文学史上的丰碑，被称为法国社会的"百科全书"。一直以来巴尔扎克都被视为法国的一种文学现象而受到世人的关注。想要了解这位伟大文学家的精彩一生，就从他的童年生活开始吧。

巴尔扎克的祖上本是农民，有着当地农民的最普通的姓氏——巴尔萨，只是靠放牧牛群和挥汗如雨地在法国南部的一片土地上耕种来维持生计。巴尔扎克的父亲伯纳德·弗朗索瓦生于村庄中的一间破败的小石屋里。当地姓"巴尔萨"的甚多，而巴尔萨族人中除了一名杀人犯出过一次名外，都默默无闻。

伯纳德·弗朗索瓦没有按照父亲的打算去当教士，而是一度在村子里游手好闲，有时帮当地的公证人做书记，或是在葡萄园中和田地里帮工什么的。

到了 20 岁，伯纳德·弗朗索瓦便远走高飞了。他来到巴黎，本打算在这里开拓出一片天地。可是光有理想没有实际行动的他只是盲目地闯荡，毫无成就。后来他在所居地声称自己曾在路易十六的王室顾问处担任秘书，可事实并非如此。法国大革命时，他倒是曾在巴黎市的革命议会里任过一官半职，这使他攀上了不少有用的关系。他就这样含糊地混了 30 年。

到了 50 岁，伯纳德·弗朗索瓦总算脱胎换骨了，由一个一文不名、好动又雄心勃勃的小伙子变成了备受尊敬的市民，成为社会中有着体面身份的诚实的一员——巴黎一家银行的秘书。现在，他总算有了稳定的职位和一点小资产，俨然一位绅士，是时候该讨个老婆了。51 岁的伯纳德·弗朗索瓦看上了银行里一位上司的女儿安·夏洛蒂·罗拉·萨兰比尔，这位小姐比他小了足足 32 岁。安·夏洛蒂是个爱浪漫的人，且受过良好的教育，在婚姻方面她完全听从父母的意见。而她的父母觉得伯纳德·弗朗索瓦虽然年纪大了点，但是很有经济头脑，是一个值得一钓的金龟婿。二人的婚事就这样敲定了。

婚后，伯纳德·弗朗索瓦觉得已经成家立业还要受雇于人，不免有损尊严，而且这份薪水也实在不够挥霍。他预见到战争会给他带来不菲的财富，而且有新婚妻子的丰厚嫁妆做靠山，遇到"万一"还可以应急。于是他便动用了一些旧日的关系，移居到图尔，出任第二十二师的联合勤务部长。这一时期，善于经营的伯纳德·弗朗索瓦早已把自己的普通农民的姓氏——巴尔萨改为了古骑士姓氏——巴尔扎克。

而我们的主人公就是在这期间诞生的。出生后，伯纳德·弗朗索瓦将孩子取名为奥诺雷·巴尔扎克。而此时的巴尔扎克家已经兴旺了，图尔的高级中产阶级也都接纳了他们。联勤部长的职位真的给伯纳德·弗朗索瓦带来了不菲的收入。在小奥诺雷出生不多久，巴尔萨家便迁出了初来此地时居住的狭窄街巷，搬进了宽敞明亮的宅子。1814年之前，也就是在拿破仑的黄金时代，巴尔扎克家一直都在当地过着令人羡慕的富裕生活，他们有私人用的马车，还有众多仆从，俨然已经混入了上流社会。而社会的上层人士，甚至贵族，也的确常常邀请这个农民出身的人来家做客。这些名流知道伯纳德·弗朗索瓦出身寒微，可他们并不介意。

伯纳德·弗朗索瓦成天快快活活的，体格壮硕，对自己和自己的成功都很满意。他十分精明，尽管年头屡变，他又支持过国王、皇帝或共和国，却不会遭到池鱼之殃。他没有受过完整的教育，可是他却涉猎广泛，他阅读过各种各类的书籍，懂得不少方面的知识，甚至还写过一两本小书。他总是有一副尽情地享受生活乐趣的样子，有着极强的意志力，也使得他的儿子在笔下开创了千万种的人生。

如果说巴尔扎克在文学创作方面遗传了父亲的说故事的能力，那么他从母亲那儿遗传的便是敏锐和多愁善感的内心。婚后的安·夏洛蒂总是快乐不起来，她觉得自己没有得到足够的爱，没有得到足够的尊敬，家里也没有任何人给她带来足够的光荣。她不停地埋怨，埋怨丈夫对她不够重视，埋怨孩子们对她伟大的自我牺牲不够感激。直到巴尔扎克临终之时，她还对她已经举世闻名的儿子进行一把鼻涕一把眼泪的抱怨和挑剔，以自己的"好意"来折磨他。

安·夏洛蒂虽然有着中产阶级女子的理想主义的一面，但婚后，她的这种光彩很快就被她与生俱来的对金钱的倾慕所掩盖了。她觉得教养孩子，就是教导他们"花钱罪恶，赚钱光荣"的德行。巴尔扎克家的孩子们从小就受到她对于金钱方面的敦促。甚至长大成人后的巴尔扎克仍不能忘怀，一听到母亲的声音，他就吓得要死。

在巴尔扎克刚出生后，安·夏洛蒂便迫不及待地把他送出家门，好像在他还没来到人间的时候，她便已经开始厌弃他了。巴尔扎克被交给一个宪兵的护士太太抚养，直到4岁。接着，安·夏洛蒂又把他寄宿到另一个陌生人家里，只允许他在星期日回家。而且即使回来，巴尔扎克也感受不到家庭的温暖，他的父母不许他同弟妹们玩耍，他也没有自己的玩具，也从没收到过礼物。在他生病的时候，没有父母在床边守护，他从没听到母亲用温柔的语气对他说过话。每当他试图靠近母亲想要得到拥抱时，便会得到一声严厉的呵斥，好像他的行为有碍观瞻似的。安·夏洛蒂对长子巴尔扎克和长女罗拉十分冷淡疏远，可是对较幼小的劳伦斯和亨利却娇宠疼爱，其中原因不得而知。

巴尔扎克就这样长到了 8 岁，便又卷起了铺盖。1807年 6 月，巴尔扎克进入旺多姆的教会学校寄读。根据校方的记载，就读期间他曾患过天花，但无有害的后遗症，性情活泼、好动，容易过分激动，偶尔会发烧。在同学们眼中，他是个大块头的孩子，长着胖乎乎、红彤彤的脸孔。

巴尔扎克所寄读的那所学校高墙耸立、管理森严，从外观上来看就像个监狱似的。从走进校门的那一天开始，巴尔扎克便与其他二三百名学童一样，接受严格的修道式生活的训练。他们没有假日，家长只在特殊情况下能够获准探望自己的孩子。在这所学校的那几年里，巴尔扎克几乎不曾回过家，因而日后他笔下的路易·朗倍尔便成了无父无母的孤儿。学校里的费用包括学费、膳食和衣服，比起其他学校少了很多，因此孩子们总是在日常生活上缺这少那的。像巴尔扎克这样没有父母送御寒衣物的孩子，冬天手脚便会长出冻疮。巴尔扎克（或说朗倍尔）在身体上和精神上都极端敏感，他有着天才的特性并且那么与众不同,因此比起他的村野同学,他所感受的痛苦也更深刻。

在课堂上,这批严厉的教士们觉得巴尔扎克的拉丁文老跟不上,他的词汇太少,又没有一点就通的聪慧,而且他们发现他总是不专注,对课程提不起兴趣。殊不知,他们眼中呆笨木讷的孩子之所以这样,是因为他觉得功课太容易、太无聊了,而他的懒惰,也只是脑中塞满了各种想法而导致精疲力尽罢了。

在巴尔扎克十二三岁时,有件令他惊喜万分的事情发生了:这所公益学校里的图书馆馆员允许他在空闲时拿他所喜欢的书去阅读。这些书如同为巴尔扎克荒芜的心灵沙漠引入了一股清泉,滋养着他的心灵净土。与学校困兽般的管理和教育方式相比,书的世界才是他真正想要的理想世界。

巴尔扎克从此贪婪地阅读着宗教、历史、哲学和科学方面的书籍,因而奠下了博闻强识的根基。他的确有阅读和学习的天赋,书中各式各样的事实和细节,经由他惊人的敏感和快速的记忆,牢牢地印在他的大脑里。

教会学校里有位老师对当时为人所误解的两位学者有关"意志"的理论极为醉心。他曾就这个问题对学生们发表过意见,因而唤醒了巴尔扎克立誓做"心灵学家"的雄心。巴尔扎克第一部小说《驴皮记》里的主角也曾写过一篇《意志论》。虽然 12 岁的他未必真能理出《意志论》中的思绪,但他对心灵、肉体间,精神、物理关联作用的研究绝不是突如其来，这些源自他的童年时代的学习。终其一生，巴尔扎克都为心灵现象着迷。

在学校里，巴尔扎克必须熟读拉丁文文法，可是他仗着天资聪颖，瞄上一眼即可记住一页，所以上课并不肯用心。遇到老师叫学生起来背法文、拉丁文或复诵文法规则时，他只消听一下，便能照背不误；不过，老师若是先叫他起来背，那就惨了，因为他根本不晓得老师教的是什么，于是，这位小天才便经常挨打。

他所受到的惩罚越来越严厉，后来甚至有教师用棍棒打他的屁股。14 岁的一天，巴尔扎克突然崩溃了，不过这使他得以提前离开这座童年时代的监狱。自出生后就几乎没有和家人生活在一起的巴尔扎克终于回到了自己做梦都渴望的家。但家人发现他从里到外都似乎变了一个人，原先那个好脾气的、高大健壮的圆脸男孩变成了形容枯槁、高瘦的少年，他的脸上嵌着一双大而空洞的眼睛，好像随时都很惊恐似的。有人问他问题，他好像都听不到，在家人眼里他就像个梦游者。他母亲对他这种冷漠的外表很生气。但在巴尔扎克的生命中，继承了太多父亲的活泼个性，于是不久以后，他又快活、多话起来，多到叫他母亲生厌。

家人为了弥补他所欠缺的教育，又把他送到图尔的文法学校去就读。1814 年底，巴尔扎克举家由图尔迁至巴黎，他则进入利辟特先生的寄宿学校。这位利辟特先生是伯纳德·弗朗索瓦在法国大革命期间结交的朋友。在这所学校中，巴尔扎克仍有被家人遗弃的感觉,因此在《驴皮记》里,他又把小时候的自己投影在拉斐尔的身上,借着他说出以下的话:"我父亲从未给过我零用钱……以为我有吃,有穿,肚子里又塞满了拉丁文和希腊文就十分满足了。我认识无数个学生,却没发现有哪个孩子的双亲对孩子是像这般全然不顾、不闻不问的。"

巴尔扎克一直不能祛除内心的反抗情绪,因此也一直不能做个"好学生",于是他的父母又把他送到另一所学校。可是他在那里仍然没有表现得更好。在 35 个人的一个班里,他的拉丁文竟排第 32 名,他母亲不禁怀疑,难道这小子真是没出息的笨蛋?因此她即刻修书给 17 岁的儿子——

我亲爱的儿子:

　　我找不到足够强烈的字眼可以向你描述你让我多伤心。你真是让我太不快乐了。甘瑟先生告诉我,你的翻译成绩掉到第 32 名了!他告诉我,几天前,你又调皮捣蛋。

　　……你不用功,你顽皮任性,你不花心思在功课上,你逼得我只好让你去受惩罚。现在我的心是多么空虚!

虽然母亲终日哀怨、担忧,巴尔扎克终究还是完成了学业。1816 年 11 月,他成了一名法律系学生。本来他想摆脱学校，独立自学，这样可以随意支配自己的时间，然而他的父母却觉得年轻人去受教育、深造是理所应当的，但更要有能力赚钱，才能出人头地。他该赚钱去！白天偶尔去上上课，晚上念些《法律大全》也就差不多了，所以白天也应当找份职业做做。因此，巴尔扎克一边在大学里求学，一边还得辛苦地为一位律师梅维尔先生办事。这位梅维尔是他衷心感激的第一位雇主，也是在他后来的书里留名万世的戴维尔。这位先生很有眼光，十分赏识这个办事员的资质，并和巴尔扎克结下了深厚的友谊。

两年后，巴尔扎克又被介绍给另一个公证人巴瑟，他是巴尔扎克家的世交。不久，巴尔扎克就与这位可敬的公证人成了伙伴。在巴尔扎克的父母看来，他们的儿子目前令他们很满意，他们似乎可以预见到他光明的未来：等巴瑟老了、死了，巴尔扎克便可以独撑起他的业务，然后巴尔扎克会结婚——自然是做有钱、有地位人家的女婿啰。这样才能光耀门楣。

虽然多年寄宿在外，但毕竟巴尔扎克的家庭来往皆无白丁，这或多或少对他产生了一定的影响。于是巴尔扎克对自己的姓名逐渐在意起来。人们一定觉得，像他这样的天才，完全可以凭借自己的想象构筑属于自己的世界，才不会患得患失地去计较生活中那些无关痛痒的琐碎事情。但事实并非如此，他对自己的姓名可是一点儿也不马虎的。将近30岁时，有一天，他宣称他的名字不是奥诺雷·巴尔扎克，而是奥诺雷·德·巴尔扎克，他表示自己拥有贵族的资格与权利。在当时，姓氏前冠有"德"字，表示曾受王室晋封。也许只是他父亲在开玩笑时吹过一次牛，说自己家族与古代的一个骑士家族是远亲。可是在巴尔扎克的想象里，却把它当真了。自此以后，他在信末、书上都签下"德·巴尔扎克"的姓氏，并在马车上绘着古代巴尔扎克骑士家族的徽记。有些同事讥笑他是自封的贵族，他却坦然自若地说："早在我出生之前，我的父亲就有官方的文件，证明巴尔扎克家是贵族的后裔。"

事实上，"巴尔萨"才是巴尔扎克祖先的真正姓氏，而不是"巴尔扎克"，更不是"德·巴尔扎克"。虽然并无哪个法国国王册封他或他的先人为贵族，然而当后人被问及法国最伟大的小说作家是谁时，总依着巴尔扎克的意愿回答说"奥诺雷·德·巴尔扎克"，而不是"奥诺雷·巴尔扎克"，更不可能是"奥诺雷·巴尔萨"了。

职业诗人的梦想

多年来一直听从父母安排的巴尔扎克，虽然拥有了一份很有前途的职业，但他过得并不快乐，这些年来一直受压抑的心中突然重新燃起了叛逆的火焰。1819 年春季里的一天，巴尔扎克忽然从办公椅上一跃而起，抛下案头的工作甩袖离去。这样没有自由和快乐地按照父母的命令和安排活着，他受够了。他终于勇敢坚决地对家里宣称：他不要做律师、公证人或是法官，他不要从事什么中产阶级的行业。他已经下定决心要当个作家，要凭借伟大的作品来获取自立、财富和名声。

巴尔扎克突然宣称要放弃一份有保障的事业，让这个没有防备的家庭十分震惊。作家？这个工作将来会得到稳定可靠的收入吗？对未来的生活有任何保障吗？父母一再劝说巴尔扎克，文学和诗歌这种东西，是那些拥有漂亮城堡的贵族们可以接触的玩意儿，要不就是四处流浪的吟游诗人，难道没有名正言顺贵族头衔的巴尔扎克要放弃前途无量的体面职业而去做吟游诗人吗？他们的担心也不是多余的，因为他们的确未曾见过这个总是心不在焉的小子在文学方面爆发过值得人注意的天赋，他们没见过他写过什么文思顺畅的文章，他又几时有诗歌在当地的报章发表过？在每个学校里，他的成绩都是垫底，拉丁文考过 32 名，商业经营中所需要的数学就更别提了。

最糟糕的是，巴尔扎克偏偏选了父亲经济状况发生变动的节骨眼上来提出做文学家的鬼想法。波旁王朝复辟使欧洲的纷扰结束，也挖断了拿破仑这棵战争的摇钱树，一些发国难财的人顿时失去了发财的机会。巴尔扎克的父亲原先8000 法郎的高薪一下减少了很多，并在银行和投资事业的肃清行动中损失了不少。家里人其实还可以舒服地过日子，也留有一些钱应急，可是像巴尔扎克家这样的小资产阶级，却以为既然收入减少了，那便应该加倍节俭。于是一家人离开巴黎，搬到20公里开外的生活水平较低的地方去安家。在这里他们可以降低生活质量而不用担心会引起别人注意。一切安排得好好的，但万万没料到那没脑筋的儿子居然在这时突然要当作家，并且还要家里出钱来支持他的不务正业。

巴尔扎克的父亲倒是很镇定，他只是低声地说了句："有什么不行？"与巴尔扎克最亲近的姐姐罗拉对诗歌颇为喜爱，也站在他这边支持他。然而被生活琐事纠缠得日渐庸俗的安·夏洛蒂却认为这是天大的不幸。如果让亲戚们知道了她的儿子没有稳定体面的工作，反而要去写文章，投稿给报社，这叫她如何在亲朋好友面前抬得起头？她在他身上花了那么多钱，岂是让他做无业游民的？

但是，安·夏洛蒂却没想到，她的这个好脾气、随和的儿子为了坚持做"无业游民"，竟然首次不听自己的劝阻，根本无视她的眼泪、哄骗和歇斯底里的哀号，他就是要当大作家，不要当公证人。

安·夏洛蒂的绝望不难想象，一向喜欢自作主张地操控家里每位成员的她，这次竟然遭遇了前所未有的失败。

既然好话说尽，百般的恳求都打动不了那坏小子，安·夏洛蒂便改用智取，跟他长期抗战，一定要饿他个半死不活。她亲自陪他到巴黎去租房子，表面上是说为了他好，可是她选的却是最差劲、最破败、最不适于居住的房间，巴黎的贫民窟还要比那好些。她的计划就是软化他的决定，再击溃他的意志。

日后，巴尔扎克曾在一封信中悲苦地呼喊："我从来没有过母亲。"

巴尔扎克天性善良，可是他总无法忘却小时候所受的冷落和忽视。当他的头发也已经斑白，都还在责怪母亲无情，另一方面他又不肯和她决裂。

巴尔扎克坚定地与家人奋战了几天，最后全家终于达成协议：巴尔扎克可以照自己的意愿去做，父母支持他两年，两年期满，如果还没有成为著名的大作家，他就得乖乖地回公证事务所，否则，就会失去家里的支持。每月家里给他120法郎，让他去追寻属于自己的可笑的理想。就这样，巴尔扎克搬进了莱斯杰奇耶街的九号房子。为了掩饰儿子离家赴巴黎，安·夏路蒂告诉亲友说，他因健康的关系，到南部一个亲戚家休养去了。她期望儿子早些悔悟，不要再让愚蠢毁了自己的名誉和婚姻的前途，并连带失去了法律主顾。

巴尔扎克离家后的落脚地，现在早已拆掉，但它的描述却留在《驴皮记》里。

走过五段阴暗、有异味的楼梯之后，是一扇由几块木板粗陋拼成的烂门，门后是低暗的阁楼，冬天冷夏天热。每个月的租金是5法郎。

这个顶楼四壁污黄，散落着一片凄惨。屋顶几乎斜到地板上去，从疏落的屋瓦间望去，天空隐约可见。

晚上点灯又要另花3个苏（法国昔日一种货币）。我穿法兰绒的衬衫，因为我付不起一天两个苏的洗衣费。我烧煤取暖，一天约需两个苏。

……所有这些花费加起来不超过18个苏，还给我留下两个苏做不时之需。每日清晨，我自己到圣米歇尔广场的泉水处取水。在如教士般独居的前十个月里，我便这样地在贫困与遁隐中度过，是自己的仆人。

在这间阁楼里，巴尔扎克只有一些必不可少的家具，而且都是从家里杂物间搬来的。他的床是由硬板铺就的，"像一个惨不忍睹的支架"，一张小橡木桌子上头覆着破烂的皮革，还有两把椅子。这些就是巴尔扎克的全部家当。他当时最大的愿望就是租一架小钢琴，但是家里不准。过了几天，他写信回家，要家里寄来一双白棉布的长筒袜、一双灰毛线袜和一条手帕。当他给自己弄来一面四方镀金的镜子时，母亲便怪他花家里的钱过奢侈的生活。

生活虽然清苦，巴尔扎克的想象力却没有受到抑制，反而更加活跃。他的眼光能赋予最朴实无华的事物以鲜活的形象，并将丑恶提升。从他这间简陋的屋子向窗口望去，便可看到巴黎灰暗的屋顶，可是这样阴沉的景象也能带给他安慰。他在《驴皮记》里这样说道——

我记得自己是多么快活地将面包浸在牛奶里，坐在窗前呼吸着新鲜的空气。我游目四顾这一片棕、红和浅灰的瓦顶或石板屋顶覆着青苔藓的景致……我看到一位老妇人清晰而勾曲的鼻子侧影，一位年轻女子在梳妆，并不知道有人在看她。我只能瞧见她姣好的眉毛和长长的发辫……我细审着那些苔藓，它们的颜色经雨而鲜明起来。白日的诗意如风驰电掣，雾水的忧伤、太阳的突然升起、夜晚静寂的迷魅、日出的奇幻、烟囱的炊烟……都是我所熟悉、使我快乐的。我爱我的囚牢……

　　遇到晴朗的好天气，巴尔扎克唯一能尽情享受却不需花钱的便是沿着林荫大道压马路，一路徒步到圣安东尼郊区。路程虽短，却充满刺激。

　　辛苦获得自由之后，巴尔扎克亲自动手刷墙，在污渍斑驳的墙上贴上壁纸。他把自己带来的书整理好，并到图书馆去借了一些，又准备了成沓的白纸、几支笔以及蜡烛和灯油。陋室里的书、街道上的行人和洞悉一切事物的眼睛，构成了巴尔扎克自己的世界，他开始写作了。

　　现在万事齐备，只是我们这位满怀希望的作家，不知道自己究竟要写些什么。他要当作家，只是直觉而已。他还未明确地打定主意，究竟是做哲学家、诗人、小说家、戏剧家，还是科学家？可是，他说："我觉得体内有个信念，我有思想要表达，有一套体系要建立，有一段科学要阐释。"但是什么思想、什么体系、什么类型的文学才是他所贡献的才赋呢？他看了看自己带来的文稿，都是些鸡零狗碎的片段。他该怎样开始？

巴尔扎克的当务之急是先完成一部作品，获得一些收入，好使他能够脱离父母而独立。于是，他打算从哲学作品入手。巴尔扎克钻进浩瀚书海中，找寻写作的题目，并学习他人的写作技巧。

两个月的时间转瞬即逝。写一部哲学作品的计划搁置了，因为它费力而难讨好。写小说，他又感到力不从心。余下便只有剧本了。当然，必须是一部历史的、新古典派的戏剧，像席勒所写的那样。他在图书馆里来回翻找，他一定要有个题目。

1819 年 9 月，巴尔扎克写信给罗拉——

> 我已决定选"克伦威尔"做题目，因为他在近代史中提供了最好的材料。我已经沉浸在其中，几乎对其他一切都失去了知觉。意念不断地在我脑中积聚起来，可是我却一直因为缺乏写诗的才情而遭到阻碍……我至少还需要七八个月的时间，来把这出戏写成韵文，还要斟酌审度我的意念，然后再整饰全部。伟大的拉辛花了两年的时间来润饰《费得尔》。两年！整整两年啊！想想看！

但是，现在他已经后退无路了。他"必须在妈妈来之前有点东西给她看"。

　　巴尔扎克夜以继日地坐在桌前写着，常常三四天都不离开房间一步。即使出门，也只是去买必不可少的食物和提神的咖啡。冬天渐渐地来了，在通风而无取暖装置的顶楼上他怕冷的手指变得麻木，无法握笔写字。然而他强悍的意志并未屈服，他依旧坐在桌前，脚上盖着父亲的旧毛毯，肩膀上围着他从姐姐那儿求来的旧围巾，头上戴着他求母亲给他织的帽子。为了省下些昂贵的燃料，他只能躲在床上工作，一待就好几天。使他烦恼的是，白日变短了，下午 3 点钟就得点起灯，这样又要支出额外的灯油费。不然，他倒不在乎日或夜，因为日、夜他都能工作。

　　这段时日里，他没有半点娱乐，他上不起饭馆或咖啡厅，也没有一丁点儿的闲暇。他天性胆怯，不敢去找女人。在各个寄宿学校里求学时，他就知道自己笨手笨脚。他不会跳舞，没学过怎样与人交往，而且由于父母的节约，他的穿着总是称不上得体，更不要说考究了。现在，他正值成人阶段，除了不注重穿着，他的外表也不讨人喜欢。一个与他熟识的人这样说："他的体格粗短而厚实，黑发杂乱不整，五官瘦削，嘴大，牙齿参差不齐。除了那双闪烁着智慧之光的小眼睛，他真是丑得可以。"

　　当时只有一个人偶尔对这个孤苦的心怀作家梦的青年特别照顾，他就是巴尔扎克家的一位老友，巴尔扎克家的孩子们称他达勃兰叔叔。他是位五金批发商，对这个穷困却对文学抱有远大志向的世侄给予过不少关怀，巴尔扎克的一生都与达勃兰叔叔保持了这段情谊。

达勃兰叔叔虽然只是个城郊的小生意人，却深深地敬仰文学。一天的生意结束后，他常会带着这个年轻的作家一道去看戏。这样的夜晚，是巴尔扎克在身心方面唯一的兴奋剂，为此，他深深地感激达勃兰叔叔。

达勃兰叔叔每周都要爬上五楼来和巴尔扎克研读拉丁文。巴尔扎克在他身上发现了中产阶级的小人物心中所潜藏的道德力量，这是与他自己家里截然不同的。后来，在《赛查·皮罗多盛衰记》里，巴尔扎克赞颂这位诚实的老百姓，并特别感激他"同情的内在力量"。叔叔凭着直觉，早在 10 年前，就比全世界的所有人先发现巴尔扎克是个天才。

达勃兰叔叔偶尔能够消解巴尔扎克外在的孤寂，却无法减轻这位文坛新秀内心的彷徨。巴尔扎克不断地问自己："我有足够的天分吗？"他又在信中求姐姐不要给他同情的赞誉，要她永远别说"那样很好"！而是必须指出他的缺点，把称赞留在自己心中。

有时，巴尔扎克觉得自己的《克伦威尔》好极了，有时又绝望地感到自己毫无天分。他创作的悲剧剧情越接近完结篇，他的疑虑也就越深。

不幸，巴尔扎克无人指引，走错了方向。他既不知这世界运行的方式，又不懂舞台技巧，却偏偏写了出悲剧，还是押韵的诗剧。他本没多少写韵文的天赋，因为他的想象会从一个联想跳到另一个联想，而不能止住，使他无法写出精巧的音韵。拘谨的诗裁形式阻碍了奔腾的思绪，他模仿古典作品而写的悲剧显得冰冷、做作，而且空洞。

但是，巴尔扎克可没有时间分析自己的性质，他急着要把悲剧写成，看看命运究竟怎样答复。经过4个月亢奋的辛苦工作之后，草稿于1820年1月里完成，然后在朋友家中作最后的润色修饰。5月，他终于又回到了家。

巴尔扎克的父母焦急而好奇地等着他们的问题儿子和他的杰作。这时事情转变得稍稍对他有利了。家里的经济状况改善了些，家里的气氛也较以前愉快，因为他喜欢的姐姐罗拉刚同一位贵族出身的富有工程师结了婚。同时，巴尔扎克能够备尝艰辛、俭约刻苦，不但连一个苏的债务都没有，而且还带回了2000行的作品，家里不免对他另眼相看。这是巴尔扎克一生中首次被父母如此看中。

全家为了检验巴尔扎克的成果及其是否有当作家的天赋，决定在5月里举行一次公开朗读。当天，巴尔扎克一家郑重其事，安·夏洛蒂除了请来了娘家人和新姑爷德·苏维尔之外，还特意请了有影响力的医生朋友和达勃兰叔叔。这场奇特的首演就安排在家中的客厅里进行，整个朗读仪式进行了三四个小时。

所有在场的亲戚、朋友都对刚刚听到的东西感到莫名其妙，他们甚至无法解释，是自己欣赏水平不够，还是这作品真是冗长乏味、糟糕透顶。德·苏维尔见到大家不知如何是好，就建议把稿子再送去给一位真正有能力的权威过目。他认识一位在法兰西学院里担任教席的文学史教授。于是，巴尔扎克的首部诗稿便送到了这位教授手中，教授先生阅过稿子以后，认为它不成气候，但是他不愿武断地否定巴尔扎克在文学方面的才华，于是他礼貌地写信给安·夏洛蒂，告诉她：他并不想让她儿子气馁，但是，他以为巴尔扎克若是不写什么悲剧、喜剧，他的时间可以用来作更有意义的努力。他还说："如果他肯来一趟，我很乐意告诉他怎样运用他的时间和精力，我以为不必非以诗歌为职业不可。"

《克伦威尔》虽然失败了，巴尔扎克却仍然觉得自己应该是个职业诗人。他不想去找工作，他觉得自己会像马戏团里的动物一样迷失在工作里。毕竟，两年的尝试时间尚未期满，他还有一整年的时间。怀着不屈的精神和坚强的决心，巴尔扎克再次回到了自己的那间阴暗冰冷的小囚室去了。

魔鬼契约

《克伦威尔》以失败完结，但这并没有动摇巴尔扎克从事文学创作的热忱和决心。一个了解自己内在力量的人是承受得住重大打击的。巴尔扎克把《克伦威尔》塞进抽屉，再也不看它一眼。

但首次创作的失败多少减轻了些巴尔扎克骄狂的气焰。他现在面临的是如何马上摆脱对父母亲的依赖，不用将每个苏的用途都一一向父母汇报，不用再乞求他们施舍。旷世杰作和永垂不朽可以稍后再说，如今当务之急是写出一些能赚钱养活自己的东西，什么品质、价码都行，巴尔扎克下定决心，要写可以快速成功的东西。

巴尔扎克翻阅了很多图书和资料，最后发现写小说最能一步登天。这时，源于英伦三岛的小说写作之风正席卷着整个欧陆。在拿破仑连连征战的年代里，人们生活在终日紧张的氛围里，自己尚且无暇顾及，更无心力去感受小说里虚构人物的遭遇。等到波旁王朝复辟，和平再度降临人间，大众又再觉得他们的灵魂需要别人的奇遇来刺激，以求亲身经历一下恐怖与近于病态的多愁善感的情感。群众都非常渴望一睹那些刺激的、浪漫的、传奇性情节以及外国人的小说。于是许多刚开业的阅览室和出租书籍店很快便已经满足不了大批文学爱好者的需求了。

现在，属于那些作家的黄金般耀眼的时代终于来临了。很多作家将海盗、贞女、眼泪、毒酒、血腥、花香、巫术与爱情等素材糅杂在一起，再将它们置于一个宏大的富有罗曼蒂克的历史时代，竟然吸引了广大的读者群，这类小说在当时风靡一时。在当时，很多诗人出身、对于作文与字斟句酌的技术已达到炉火纯青的地步的文学家在这时大展身手，像维克多·雨果和德·维尼等。而此时的巴尔扎克却仍在蹒跚学步而已。

巴尔扎克先后写了两本小说，都是依照当时一些最低劣的小说的历史背景照葫芦画瓢，其中主要人物都是千篇一律的女巫，其次便是诺曼底人。

巴尔扎克再次承受了失败的打击。悲剧既未写成，小说家也没当成，一年又过去了，1820 年底，父母通知他，必须于翌年 1 月份之前搬出他所住的那处房子，并且结束他的涂鸦，也是该停止花父母的钱，开始赚钱给自己花的时候了。

在那间囚室般的房子里，巴尔扎克极力节缩，忍受饥饿和寒冷，为的只是能够自立，结果却是徒劳无功。现在只有奇迹出现才能救得了他。而奇迹在这时候恰巧降临到他身上。

一天，一位穿着剪裁合体、干净整洁的青年来找他，这位风度潇洒、言谈举止得体又风趣幽默的青年想要买巴尔扎克那双写作的手。这个青年与他年龄相仿，名叫奥古斯特·勒·波阿特凡·德·莱格勒维耶，从名字看得出他有着贵族的血统。两人大概是在图书馆、出版商的办公室或是食堂里认识的。勒·波阿特凡出生于演员家庭，从小没有受过什么文学的熏陶，他本人也没有什么文学天赋，但他见多识广，为人机敏。他已经找好了一个出版商，帮他出版一本名为《两个布列塔尼家族》的小说，小说东拼西凑地已近完成。出版商付了 800 法郎现金给他，在 2 月里便要以"奥古斯特·德·维耶勒格莱"的笔名出成两册书。

或许巴尔扎克向新朋友吐过苦水，怨叹自己时运不济，或许勒·波阿特凡告诉他，运气欠佳是由于他的文学抱负太高，艺术良心同写作有何关系？干吗把事情看得那样认真？倘使巴尔扎克愿意，下一部小说两人不妨合作，或者，两人共同把情节拼凑出来，内容可以让巴尔扎克自己去写，因为他的文笔和写作技巧比自己要好，而且写得也较快。勒·波阿特凡则负责其他有关事宜。巴尔扎克若是同意，他们便可马上开始合作，所得利益两人平分。

这种建议无异于是堕落的引诱。这意味着定期交书，每本书的页数是固定的，并与一个全无道德原则和艺术抱负的伙伴合作。这跟他往日的梦想多么不同，简直是埋没他的天分，可是巴尔扎克别无选择。他的囚室住处即将要空出来，如果又不能带着用笔杆赚得的钱回家，父母定然不会再给他第二次获得自由的机会。于是，他与引诱他堕落的魔鬼签订了契约。

两人合作的第一部小说叫《查理·保恩丹》（又名《我的左撇子老表》），大部分由巴尔扎克执笔，而标题页上却没有他的名字。至于这家小说工厂以后的产品，则由两人共同以 A·德·维耶勒格莱以及卢诺爵士（奥诺雷的名字倒写）命名。

就这样，巴尔扎克出卖他的艺术、他的文学抱负和他的名声。为了自由，他把自己当作仆役出卖给了别人。

交易完成，巴尔扎克返家度假，住进姐姐罗拉婚前的寝室。在这间小屋里，他日夜不停地写，勒·波阿特凡则负责小说的推销。

第一次的合约上，说明第一本书出来后会付给巴尔扎克800法郎，以后就很快地升为2000法郎由两人平分。家里见到有人肯买巴尔扎克的东西，颇为满意，不再认为他所选的行业荒唐了。可是他的母亲却把设在家中的这个小说工厂看作是家里的事情，他母亲和他姐姐都自认是他的合作人兼批评者。家里的气氛教他越来越不能忍受，最后，他唯一的愿望便是在巴黎有个房间，可以自由自在、不受拘束地写作。

为了独立，他像奴隶般卖命地工作。平均一天下来他可以写完一整章。他从半夜到第二天中午工作，专心修改稿件和写作，在椅子上一坐就是12个小时。然后，从中午到下午4点阅读各种报刊，5点用餐，5点半才上床睡觉，到半夜又起床继续工作。每隔三天他的墨水壶就得重新加满，并且报销10支笔。他拼了死命毫无节制地工作，连母亲都被他吓坏了，说他工作得像个野人了。他工作起来精力无穷，这种浑然忘我的精力后来震惊了文坛。

1821年年底前，他完成了《查理·保恩丹》《毕拉格的女继承人》两部小说。1822年2月，另一本四卷的小说《让·路易》也接近尾声。他很快地又开始另一部小说《鞑靼人》。但在1822年他们的合作作品出版后，作者的名字仍是A·德·维耶勒格莱，而真正的作者卢诺爵士反而只字未提。其后合约终止，巴尔扎克便将工厂里的产品，以自己的笔名出版。他告诉姐姐说："今年年底之前，我希望已经赚有 2 万法郎作为我财富的基石。"他还说:"卢诺爵士不久将成为全世界最多产的作家、最可人的伴侣,淑女们将把他当成眼中的苹果那般钟爱。然后你的小奥诺雷将会坐在自家的马车里,一路滚滚而行,口袋里则满满的都是钱,傲视着周遭的一切。他走近时可以听见人们喃喃的颂扬之声……人们会耳语说:'那是苏维尔夫人的弟弟!'"

巴尔扎克与勒·波阿特凡合出了 16 到 20 册书之后,1822 年,他还出了《美丽的犹太人》《两个伯林海尔人》以及《阿登的副本堂神甫》3 部各有 4 册的小说。在后两本书里,他把笔名"卢诺爵士"改成了"荷拉斯·德·圣·沃班"。新卷标的价钱看涨了,原是每部小说 800 法郎同合伙人对分,现在只要每部出 1500 本,巴尔扎克就可得 2000 法郎。一年如果能出 5 到 10 部,再过几年,巴尔扎克就会富裕起来,那时便可永远脱离家庭的束缚独立了。

巴尔扎克以各种体裁、各种价码,为政治嫌犯、小出版商、狡黠的代理商和廉劣的货品写书及各式各样的宣传小册。他写了《论长子长女的权利》《耶稣会正史》两本小册子,一部叫《黑人》的通俗剧和《巴黎招牌小字典》等。

1824 年这个一人公司为了迎合大众口味,改写所谓"法典"和"生理学"方面的东西。月复一月,他的磨坊里连连不断地磨出些"法典"来,如《君子宝典》《婚姻生理学》《出差办事员法规》《礼貌手册大全》等。这些书的利润极高,其中有些卖到 1.2 万本以上。虽然初出茅庐便如此高产,但这却是巴尔扎克最羞耻的几年，其间所写的一切，与文学或艺术全无关联，把它们和自己联想在一起，真会叫巴尔扎克脸红。

虽然最初或许只是为赚得自由而不得不采取的下策，可一旦身陷其中，习惯了写这样的速成品，巴尔扎克不免越陷越深。这样的狗屁涂鸦，用"出卖灵魂"这样可怕的字眼来形容最恰当。虽然在此期间他的《朱安党人》和《驴皮记》使他在法国文学界声名鹊起，但他却仍然时常为了区区数百法郎不惜牺牲奥诺雷·德·巴尔扎克的尊贵身份，剽窃别人的情节、场景，把自己的零碎片段补进他人的小说里，作为自己的作品。他把窃来的材料压缩或扩充，加以改换或润色并使其现代化，不论哲学、政治或无聊的感官小说，只要有读者喜欢，只要能在市井流行，赚得来钱，巴尔扎克便会去写。

在这段时期里，巴尔扎克因为缺乏自信，沦为卑劣的小出版商手下的佣工。为了写刺激感官的小说，他的笔下肆无忌惮，却缺乏真情实感。为求大量生产，他学会了油腔滑调、赶速度与空洞无内容的写作，这样的缺点与恶习，日后终究无法从他的小说中完全剔除，以致永远影响到他的文体。

巴尔扎克的责任感觉醒太迟，由于他在具有决定性的成长岁月里曾对自己不忠实，而使自己的文字和文体留下缺陷，永远不能弥补。年轻的巴尔扎克在他紊乱的脑海里也依稀觉得自己是在湮没真正的自我。他给姐姐一本《让·路易》的小说时，特别叮嘱她："这本书不得借给活在这世上的人，甚至不可拿出来示人，也不许谈到它，以免这本书流传出去，在将来某一天会坏了我的名声。"

因为姐姐罗拉婚后没有什么烦琐的家务要做，于是巴尔扎克竟建议让她来写《阿登的副本堂神甫》的第二部，不过他却向姐姐坦承："把我的思想放在这些荒唐的作品上被低俗作践，真使我非常难过！"他一再坚持不懈地强调着：等物质条件允许时，便开始真正的写作。

这时，巴尔扎克 23 岁了，可是他却还未真正地活过或爱过。他从未享受过别人的尊敬和信任，也没有人曾伸手协助过他。他辛苦地工作，以求解脱目前这种被强迫工作的辛苦。他写就一部部低俗的作品，只为有一天不必再写这种低俗的东西了。他一分一毫地攒钱，不断地要钱，要更多的钱，是为了不愿再因为钱而受到逼迫。他把自己跟世界隔离，是为了要更稳靠地征服世界，并在这世界上留下不朽的名声。

在这时期里，他的写作虽尚未能显现出大艺术家的气势，但却展现了他不可忽视的巨大力量，这股力量使他描写出许多人物及他们的命运、风景、意念和梦想。他在自己的暗穴里疯狂地挣扎，想要奋力劈出一条通往光明和自由的道路。

"我从未享受过任何生命中如花朵般的快乐。我饥饿，却没有什么能满足我的渴望。但是那又何妨？我只有两样热烈的欲念——爱情和名誉，可是它们却迄今未得满足。"

小说家的初恋

巴尔扎克所憧憬的爱情和名誉一直以来也都只是梦想而已，还没有一样成为现实，尽管他卖力地写作，疯狂地努力，尽管他把姿态放得很低，想靠最不名誉的作品暂时换取一些财富，可也毫无所获。《克伦威尔》的稿子放在箱子里都发黄了，它夹杂在许多毫无价值的稿件中被遗忘掉了。他用假名所出版的那些毫无价值的小说问世不久就悄无声息了。在众多的法国作家之中，巴尔扎克的名字从来没有被提及过。没有人尊敬他的天才，更何况他自己呢。

这几年中，巴尔扎克被现实打磨得逐渐失去了勇气。他时常会情绪低落，尽管他明白自己和当时的文坛新秀比起来，在心智、知识、勤勉和努力等方面都略胜一筹。问题是，他不知道如何给自己勇猛向前的精神找到必要的出处。身为以艺术创作为生的人，30 岁之前，他从来就没有做过任何一件需要他运用自己天赋的工作。同时，身为男人，他也不曾追求过任何一位女士。早年的巴尔扎克性格中带着一种几乎是病态的害羞。

年少的巴尔扎克躲着女人，并不是害怕陷入情网，而是害怕在女人面前暴露自己的天性。巴尔扎克不获女人青睐一点也不奇怪。"一个丑得可以的青年"是周围人对巴尔扎克的描述。他不修边幅，胡须不刮，鞋带又不系，即使是男性朋友都无法忍受他密

小说家巴尔扎克

而长的头发上厚厚的油脂和满口的烂牙以及快速说话时的唾沫横飞。图尔的一个老裁缝专门负责把巴尔扎克的父亲穿破了的衣服改给他穿，这位老裁缝在改制衣服过程中只顾得了让巴尔扎克牛似的脖子和宽厚的肩膀能穿下它们，却没法顾到他肥满的臀部，更无法替他裁出时髦的腰身，即使这样，巴尔扎克的生意常常令这位老裁缝叫苦连天。巴尔扎克自知他的短腿和浑身的笨拙劲儿，若是也学翩翩公子那样款步的姿态，一定滑稽透顶，因此他不敢涉足舞池等社交场所。这种自惭形秽的感觉也是他一心埋首写作的重要原因。巴尔扎克把他早年这种绝望的心情写在《驴皮记》里——

我的灵魂极力想要表白，却一再地受阻，它已经

越来越退隐到最深处去了。我厌恶自己；我明白自己长得丑陋，心里羞涩。尽管内心里有个声音大声对我呼喊："勇敢！加油！"而我却像个孩子，总是半信半疑。我有着远大而炽热的抱负，我相信自己命中注定要做大事，然而我也同时知道自己目前是无足轻重的。

……我遇到一批时髦的青年，他们自信地高谈阔论，坐在女人身旁口吐无意义的话语，一点也不拘束。这些人真令我艳羡……对我而言，获取权势和名气，似乎都不及赢取一位年轻、聪慧、动人而有身份的女士那般困难。

……那段日子里，有好些女人让我远远地崇拜着，为了她们，我可以赴汤蹈火。她们也可能把我的灵魂撕成碎片……我既不晓得怎样做无言的表达，又学不会空洞的演说。因此，最后只得把那团燃烧着我的火焰藏进胸中。所有的女人都待我不忠而又残酷。噢！我深深感觉到自己是为爱而造，是注定要让女人快乐的，可是却一个也找不着……我常常这么绝望，我几乎就要了结此生了。

在家里，巴尔扎克总在父母的监视之下，而在巴黎，他每月微少的零用钱，连最穷的女工也不愿跟他一起用餐。于是，巴尔扎克只有自我陶醉在有着甜蜜而多情的女主角的小说世界里。可是，这段困扰、痛苦和阴郁的做梦时期总会结束的，巴尔扎克再也忍受不了孤独了。他要真正地活，要去爱和被爱。被压抑的激情正像空气、水、火等一样，当压力达到极限时，它就要爆发。

此时，恰逢有一对德·柏尔尼夫妇在巴黎的居所与巴尔扎克家的地产相毗连，两家因而结成好友。加伯里尔·德·柏尔尼先生出身贵族，是总督之子，曾在帝国法庭任律师。他的妻子较他年轻许多，血统虽不如他高贵，但她父亲也是韦茨拉地区一个古老德国音乐世家的后裔，曾受法国皇后的特别庇佑，挑了自己一名侍女给他做妻子。

德·柏尔尼有间宽敞的乡间别墅，家中的 7 名漂亮的孩子使整幢房子显得生机盎然。巴尔扎克一家竭力讨好这位邻居，可是柏尔尼先生的脾气却越来越坏，倒是安·夏洛蒂和德·柏尔尼夫人年龄相仿，性情相近，因而成了密友。两家的孩子常在一起玩，巴尔扎克回家的时候，利用写小说的闲暇时间兼替弟弟亨利和柏尔尼家的一位与亨利年龄相近的孩子补习功课，顺便好多赚几文钱。

不久，巴尔扎克的父母便发现儿子的行为有些古怪。他们发现巴尔扎克总是有事没事便跑到柏尔尼家去，一待就是一个下午，有时甚至整个晚上都不归家。同时，他们发现巴尔扎克比原先在意自己的外表了，而且不像从前那般冷漠，显得和蔼可亲得多了。但他们并没有担心，觉得儿子大概在谈恋爱了，因为柏尔尼家有个漂亮的女儿爱玛纽尔。论社会地位和经济条件，柏尔尼家都是不错的人选，如果能与柏尔尼家结亲，不仅将来的嫁妆一定少不了，而且家族的身价也会提升不少。想到此处，安·夏洛蒂总是满心欢喜。

但不幸的是，安·夏洛蒂完全猜错了。巴尔扎克与柏尔尼家的女士谈恋爱了不假，但对象不是那位美丽的少女，而是少女的母亲，那位年逾 40，生过 7 个孩子的柏尔尼夫人。虽然这位母亲早已不应该成为普通青年爱慕的对象了，但她的女性魅力及温柔的母性却正是巴尔扎克所热切期盼的，这是自己的母亲一直未给予他的。德·柏尔尼夫人在巴尔扎克的生命中的地位和作用越来越大，她协助巴尔扎克塑造自己，她以关怀和尊重使他重拾正在消退的自信。巴尔扎克曾在一部作品中这样描述他当时的心情——

> 一个女人，声音如乐曲一般。一个晓得何时说话，何时沉默的女人：她的取笑倒像爱抚，她的批评也不伤人，她处理事情从不用吵吵嚷嚷的方式。她总是在适当的时候结束谈话。她总是温婉谦和，她的殷勤毫不做作。这个女人非常自然。这样的天使，你会爱她爱得疯狂，就算她犯了错，你也情愿认为她是对的。

对于巴尔扎克的爱慕，德·柏尔尼夫人也大为吃惊，尤其使她觉得为难的是两人年龄相差悬殊。她在给巴尔扎克的一封信里特别强调这点，她想把巴尔扎克的热情局限在友谊的范围之内。然而巴尔扎克已经决意攻克她的抗拒。这是巴尔扎克的初恋，他使尽了全力，为了自己的自信，他必须一击获胜。在强烈的攻势下，柏尔尼夫人最终接纳了这个年轻人的热情。

巴尔扎克首次在女人身上的成功，使他成长为真正的男人，他的自信心已经大胆地肯定了自己。他已经从父母的依赖中解脱，他生活的中心和焦点不再是父母的家，却是柏尔尼夫人的家。家中的恳求、怒骂和歇斯底里以及镇上的飞短流长，都阻止不了他的决心，他要自由而轰轰烈烈地把自己奉献给爱他的女人。

巴尔扎克对德·柏尔尼夫人的爱并未使他堕落，反而协助他找到了自己，解放了这位小说家。在德·柏尔尼夫人经验的指引之下，巴尔扎克成了真正的巴尔扎克。后来他承认："她是我的母亲、朋友、家庭伴侣和忠言者。她使我成为作家。没有她，我无疑早已死去。当狂风暴雨要把我淹没时，是她将我拉出水面。我今后的生命，全要归功于她，她是我的一切。"

巴尔扎克和德·柏尔尼夫人的关系马上引起了人们各种猜测和鄙视的谈论。但这段感情还是持续了十年之久，虽然后来渐渐只剩下友情。巴尔扎克将有关她生前和死后的一切，组成了一首感激涕零的颂歌，她唤醒了巴尔扎克，使他成为一个真正的男人、艺术家和创作家。

巴尔扎克一直认为他与德·柏尔尼夫人之间的这一段情谊是他一生当中得来不易的好运，她的出现是他事业上一种救赎和具有决定性的因素。她不仅解放了他，还让他找到自我。女人外表的美丽从来吸引不了巴尔扎克，他也不为青春所吸引，他甚至强调过"对年轻女孩深恶痛绝"，因为她们要求太多而给得太少。自这段感情之后，巴尔扎克所追求的女性，无一不具有这种保护、引导和协助的母性，这些女性也都比他年长。他的作品《弃妇》和《三十岁的女人》不只局限于他的小说，同时也是他自己现实生活里的女主角，她们都是对生活与爱情失望的成熟女性。她们原本对生活不再抱有期望，但后来都觉得能够再成为这位大文豪的伴侣和助手并被他所需要是命运的恩赐。

失败的创业史

巴尔扎克第一次的尝试已经获得了成功。他已经得到一个爱他的女人的协助，而由于她的这种帮助，他已成为自己精神方面的主人了。现在他只要再成为自己物质方面的主人，就可以开始他一直梦想的真正的职业了。

1824 年冬天快结束时，有一天，巴尔扎克走进了位于圣安德烈艺术广场上的出版商兼书商于尔班·卡内尔的店里，想给他看一本自己最近写的一部名叫《汪——克罗》的小说。卡内尔十分殷勤地招呼了他，因为巴尔扎克所在的荷拉斯·德·圣·沃班的小说公司一向准时交稿，同时又能满足大众对犯罪、流血、感情纠纷和异国元素的需求，让他大有赚头。卡内尔先生接受巴尔扎克的稿子向来是二话不说的。

这天，卡内尔先生还向巴尔扎克透露了一些他的企业计划。市面上对法国的古典作品需求很大，像莫里哀的作品集等，不但册数多，而且占去普通中产阶级家庭过多的空间。如果将所有古典作家的作品汇印成集，每人出成一本，以小字印刷，每页分成两栏，再绘上些小插图，一定会很抢手。这个计划已经执行到最后的细节了，事实上，拉·封丹的文集已经完成得差不多了，现在唯一缺的就是一笔资金。

卡内尔先生只说出了自己的计划，巴尔扎克的思绪便已风驰电掣了，他似乎看到大众拥进巴黎和各地的书店里，争相购买《拉·封丹全集》。巴尔扎克写小说，一年大约有几千法郎的固定收入。可是自从获得精神上的独立以来，他对生活水平的要求也提高了。有位高贵仕女做情人可不能再住在阁楼上了，他开始嫌弃他现在所住的房间，觉得太狭窄了，配不上他的身份，同时他感觉整天埋首码字，靠一行行、一页页的字来卖钱，太廉价、太耻辱、太累人也太不风光。为什么不赌一把，弄好了可以好好捞他一笔。赚钱对于巴尔扎克而言，只是考验脑筋是否灵光，不管什么方法，只要是赚钱的点子，便谈不上耻辱。聪明人就该快速出手赚大钱。到那时，他便可以有本钱专心创作，并且可以在献给全世界人类的不朽作品上签上自己的大名了。于是，他略带青涩和不自信地对卡内尔说："我愿出两三千法郎参加一股，而且还可以为这部文集写前言。"离去时，巴尔扎克觉得自己已经是位百万富翁了。

巴尔扎克从不会为了文学尊严而拒绝一桩买卖的机会。他随时准备做任何交易，只要能赚钱，图画、股票、房地产、建材等行业，他都可以涉足。他唯一的志向便是给他体内充沛的活力找到出口，助他一路向前。巴尔扎克到了 30 岁的时候还拿不定主意，究竟是从政呢，还是当个记者？就同歌德一般，曾经也对于当作家还是诗人，做戏剧家还是音乐家踌躇过很久。不过最后总有些机缘引导这些天才走上成功之路。对于巴尔扎克来说，在 1830 年至 1840 年间，若是让他选择在财务界大展拳脚，也许也会成为一位了不起的财政大臣呢。

巴尔扎克起先的投资约为 1500 至 2000 法郎，所获得的利润，其实不比他写一部速成作品的收入多。尽管如此，1825 年 4 月，巴尔扎克还是与他们签订了合约。签约的共有四人，巴尔扎克除外，另有一名医生、一名领退休金的军官以及卡内尔。但到 5 月份，其余三个谨慎小心的伙伴都打了退堂鼓，只留下一直心怀富翁梦的巴尔扎克独撑大局。

结果，巴尔扎克成为《拉·封丹全集》的唯一所有人，而《拉·封丹全集》尚未付印，因此他必须支付全部的印制费用共 9000 法郎。这对他而言可是一笔巨额资金。早已没有了积蓄的巴尔扎克发起愁来。幸好德·柏尔尼夫人出手相救，为巴尔扎克提出了三张期票。

可是这件事情发生后，巴尔扎克没有吸取教训，有时他的性格真是很怪。按常理，他应该先等等看《拉·封丹全集》的销路如何，然后再决定是否应该去出版第二位作家的文集了。然而他的理智最终被他天生的乐观主义所击败，他不想只在一个小的局面中去开展工作。于是《莫里哀全集》便迫不及待地紧随着《拉·封丹全集》而出版了。两本书比起一本书来，也许更容易卖一点。他把一切商业上的顾虑统统抛掉，放开胆子干起来。

巴尔扎克又一次施展他软磨硬泡的游说功夫，使得他家里的一位德·阿桑维莱先生一下出了5000法郎帮他印刷了《莫里哀全集》。在前一本书还没有卖完之前，巴尔扎克又把从别人那里借来的1.4万法郎投资到自己的类似赌博的计划中。他急切地要求快点出版这两本书，以致奸猾的商人把贮存了很久都快发黄的纸张卖给了他，导致最终作品制作得十分糟糕。整个拉·封丹的作品都缩印在一个本子里，字小得连视力很好的人看了都觉得吃力。而巴尔扎克匆忙中完成的两篇序言也并未给这两本外表装帧并不好的书增加什么吸引力。

巴尔扎克想要一本万利，竟狮子大开口，把每本书的价格定为20法郎，这可把书商吓坏了。结果印出来的1000本书全部堆在印刷厂的仓库里，书店不要，大众也不要。到了年底，一共才打发掉20本。可是印刷商、装订商、制纸商都得现款付钱，不得已，他降价为每本13法郎，仍然无济于事。于是再减为12法郎，仍然无人问津。最后巴尔扎克只好以清仓的价格出清了全部存货，却不幸又上了一次当。经过一年的没命经营，他的创业终于以负债 1.5 万法郎失败告终。

任何人到了这种地步，一定会承认自己的失败。巴尔扎克却不肯，不但如此，他还把赌注加倍。他觉得他已经弄清楚了问题出在哪里。他总结得出：做生意怎么能光做出版商这一项呢！印刷厂多黑啊！因此，他决定由作品的创作到最后的出版，其间的一切事项都由他自己来做，这样他的能力才可发挥到极致。于是他决定设立印刷厂。德·柏尔尼先生听从太太的意思，替巴尔扎克写了推介信，分别给一位部长和警署署长，使巴尔扎克顺利地领到了印刷业的开业执照。

巴尔扎克在一条名叫"左岸"的阴暗狭窄的胡同的一栋房子的底楼发现了一处场地，很适合做他的印刷厂。他总共需要五六万法郎。

说来奇怪，巴尔扎克的父母这次居然没有反对，他们碰巧手头有点闲钱，便投资了 1500 法郎，同时在他们的担保下，一位朋友也出了 3 万法郎。巴尔扎克正式知会当地的相关部门，他已经设立了印刷厂。

这家奇特的印刷厂和其中的作业情形，在他《幻灭》和《猫打球商店》两本集子里有生动逼真的描写——

高耸的大门使人想起往昔住着贵族时候的风光，

只是现在邻近地区全都是些靠手艺吃饭的小市民了。

这里的煤烟、污物和周围的老旧造成了一片凄惨。印刷厂房建在从前一幢宽敞的屋址上。在底楼的一间大房子是工作间，从这儿有个螺旋铁梯可通一楼。

巴尔扎克把自己安置在这里。他这间私室里有个前厅、一个幽暗的厨房、一个具有帝国时期样式的壁炉的饭厅、一间书房兼客厅附带一个小寝室。这是巴尔扎克第一个真正的家。他布置了许多小巧、便宜的东西，主要是为了取悦柏尔尼夫人，她每天都来，在巴尔扎克眼里，她的到来"像疗伤的睡眠，宽减一个人的伤痛"。

巴尔扎克对自己的新事业非常认真。每天清早至深夜，他只穿着敞着领口的衬衫，跟他的24个工人一起，在那间散发着油墨味和纸味的屋子里，冒着汗拼着命地工作。在他看来，没有一件琐碎小事是不重要的，因而每一件琐碎工作，他都亲自去料理。他帮着排字、校正铅字盘、估价成本，而且亲自开发票。他那肥胖的身体在一间狭小的却有不少人的房子里穿来穿去，不是监督工人要卖力点，就是往自己那间带着扇玻璃的小办公室里跑。在办公室里，他为了1分钱而跟书贩、纸商们讨价还价。那些来向这位忙碌的印刷厂的老板送订货单和票据的人，恐怕没有一个人能够想到，他们面前的带着污垢的头发和胡须、能言善辩、矮胖而勤奋的年轻人竟然成了那个时代最伟大的作家。

在那些年里，巴尔扎克真正是把崇高的理想都抛到脑后去了。他心里只想着使自己的印刷业蒸蒸日上。他不挑挑拣拣，只要有生意便来者不拒，宣传的小册子、古典文选、诗歌、目录、广告单、花边新闻等，他都印过。其中有一本《巴黎招牌小字典》还是出自他的手笔。

但生意刚刚起步，他便又遭遇了不幸。他把《莫里哀全集》和《拉·封丹全集》的存书以每本低于 9 法郎的价格卖给一个书商共 2500 册。这位书商却以另两名书商的支票抵付。到了付现时，本与这笔生意无直接关系的那两名书商破产了，巴尔扎克只得以尘封仓库多年的那些过时、无价值的书作为抵偿。

跟巴尔扎克有往来的商人听到消息后，都纷纷赶来讨债。巴尔扎克于是不敢再去印刷厂，他每天挨家挨户去请求债主允许延期付款，并请求银行家、亲戚、朋友借他现款，尝尽了羞辱，令他永生难忘，这些惨痛的经历，后来都记述在《赛查·皮罗多盛衰记》里。

至 1828 年夏季，巴尔扎克已经身无分文，无法支付工资。他写悲剧诗不成，当出版家不成，开印刷厂也不成。如今只有两条路，一是公开宣布破产，一是私下清偿债款。

然而，巴尔扎克却像被流放的拿破仑一样，仍然不肯死心，还想着能够东山再起。此时他又作出一个不理智的决定——再加盖一家活字铸造厂。

其实巴尔扎克的基本构思都是很完美的，他是个半幻想、半现实的人。他想把法国古典文学出成一人一册的计划并无错误，后来有人以更有效的方式来做，结果成功了。印刷事业的冒险也没有什么不对，大众对阅读刊物的需求正快速增加。至于活字铸造厂，是他听说的一种新发明的印刷法，印出的效果较平常的铅版印刷更好。巴尔扎克对创新发明的兴趣向来浓厚。对于新事物勇于尝试也未尝不可，巴尔扎克能够预测到印刷业的未来，机器必然会取代手植、手铸，不能不说他确有远见。也许他的失败是由于时运不济吧。

1827 年 9 月，印刷厂的业务已经接近尾声，新公司在一家破落的铸造厂原址上成立。一位叫洛朗的人负责供应设备，另一位叫巴皮耶尔的人则掌管经营，巴尔扎克负责广告。他准备了一本非常详尽的本子，上面有公司所能提供的各种新字体的样板，以及新方法所能制作的插画、装饰画。可是新宣传册的目录尚未制成，巴皮耶尔就退伙了。德·柏尔尼夫人又适时伸出了援手，她说服丈夫，让她来代管他的财产，并接下了巴皮耶尔的股份，出了 9000 法郎。

不幸，还是迟了，那本精密周全的样本没能及时做成，公司的债权人得知了巴皮耶尔的退出，纷纷上门来催讨旧债。1828 年 4 月，巴尔扎克终于山穷水尽，身为出版商、印刷商和活字铸造厂的拥有者，他再度破产了。

这个坏消息自然瞒不住父母。安·夏洛蒂又急又恨，到底要真甩下这个败家子不管，还是再作牺牲来挽救儿子的信誉？此外她也关心自家的名声，并害怕人们的闲言闲语。她可不愿巴尔扎克这个姓氏出现在报纸上破产那一栏里。

安·夏洛蒂有一位叫德·赛第洛的表亲，在她的请求之下，这位表亲负起了清算财产的艰难工作。公司里账目十分紊乱，德·赛第洛先生花了大约一年的时间才把资产负债表整理出来，这至少稍稍使债权人满足了一点。他第一个明智的步骤，是把巴尔扎克从这个已经完结了的事业里完全剔除。大家都发现了这个只会做些富丽堂皇理想梦的梦想家在这种需要极度精确的工作里是一点用途也派不上的。

这段悲惨而徒劳无益的努力到 1828 年才算告一段落。印刷厂共欠债超过 10 万法郎，由巴皮耶尔以 6.7 万法郎购得，而巴尔扎克损失了四五千法郎。德·柏尔尼夫人前后共在巴尔扎克身上投资了 4.5 万法郎，于是她接收了活字铸造厂为抵押品，她将它交给儿子亚历山大治理。巴尔扎克只有重返艺术领域，他自己也意识到了，他的想象力只有在那儿才会开花结果。

此时的巴尔扎克已经 29 岁了，可却比以往任何时候都表现得更不独立。20 岁之前，他虽然一样一无所有，但起码没有一身的债务。眼看到了而立之年，他却反而欠下了家里和柏尔尼夫人近 10 万法郎的债款。整整 10 年，他的努力都不曾中断，结果仍是徒劳无功，白落得一场辛苦。错误开端给巴尔扎克带来了终生负债的恶果，而他年轻时的梦想在现在看来似乎更加渺茫了，渺茫得像是注定永远无法实现了。

然而，在资产负债的同时，他也并非真的一无所获。巴尔扎克把创业所丢失的东西以文学素材的形式捞了回来。这些年的艰辛生活使得他不得不尽力面对现实的压力，也教会这位极富浪漫主义的作家如何从抄袭和复制中摆脱出来，去看这真实的世界和许多日常的表演。它们中的任何一出，如他后来所言的，都和一出莎士比亚悲剧一样动人，和一场拿破仑的战争一样激烈。他已深深地体会到，在现实社会里金钱具有的巨大威力，这个发现对他来说意义重大。经营虽然失败，但他从中学会了进行票据交换或本票交换时的斗争以及在小商号里所使用的狡诈和权术并不逊于在巴黎的大账房中所进行的。这些斗争、狡诈和权术所费的心血和拜伦写他的海盗冒险所花费的心力同样大。由于与工人一起干活，跟高利贷者争执，以及与批发商们拼命地讨价还价，他比起他同时代的著名人物如雨果、缪塞等只追求生活中的浪漫素材的人更获得了一种新的制胜技巧，那便是他更加谙熟社会形形色色的人和事。巴尔扎克学会了去观看、去描绘那些生活中贫困的残酷、卑贱中的丑恶，以及隐伏在人们内心的力量。

抛却了不切实际的幻想，而具有了现实主义的慧眼使巴尔扎克的理想主义者的想象力极大地丰富了。从此，再庄严伟丽的情形也不能打动他，再浪漫的面纱也不能欺骗他。因为他已深入地看到社会运动的底蕴，他知道如何发财和为什么赔本，知道怎样打官司，也知道人如何在社会上生存下去。他知道如何节省以及怎样才能不浪费，如何骗人以及怎样骗自己。这正如他以后所说的，只是因为他年轻时曾用过各种办法去谋生，而学会了如何观察社会间各要素的因果关系，以致他能忠实地还原他那个时代。

他的《幻灭》《驴皮记》《路易·朗倍尔》等伟大作品都是描写中产阶级的生活形式以及商业社会里的方方面面，如果没有他这些年所经历的种种磨难和屡次的挫败，他的文学成就便很难突破，我们简直想象不出没有苦难经历的他究竟会写出怎样的东西。只有他的想象力和现实相融合，只有当他在现实中失败甚至是惨败之后，他的艺术成就才会炉火纯青，并创作出一个区别于现实世界的文学世界。

写作生涯

笔写剑史

迫于生计，巴尔扎克不得不与魔鬼书商签订卖身契，他必须在极短的时间内完成书商交给他的任务，写出那些讨好读者的能够赚钱的所谓的畅销书。而且，这些书上都没有署上巴尔扎克这个名字，而他一直希望能将"德·巴尔扎克"这个高贵的名字署到一本真正属于自己的作品上去。直到《驴皮记》的出版，他才开始使用"德·巴尔扎克"这个姓名，而在这以前的艰苦岁月里，他却穷困潦倒、债台高筑。

巴尔扎克的计划如大厦倾覆，但挫折从来动摇不了他乐观的本性，他现在反倒觉得又可以自由地重新开始了。面对困难，他曾经这样说过："在我生命当中每一时期里，我的勇气总是能够战胜我的厄运。"

为了躲避债主，同时又要继续留在巴黎讨生活，而且还要能够时常与德·柏尔尼夫人见面，巴尔扎克不得不隐姓埋名，他经常更换住处，为了避免不必要的麻烦，他还躲避警局的备案。

他首先避居的地方是亨利·德·拉杜契的住所。拉杜契是他新近结交的朋友，在巴黎新闻界很吃得开。他是位具有同情心，容易谅解别人，并且在适当的时候会提出婉言批评的人，虽然他已经取得了一定的社会地位，但春风得意之时，他还能保持着亲切和平易近人的态度，即使是面对最落魄的人。由于他能慧眼识人，发现了巴尔扎克与众不同的才华，于是他殷切鼓励、规劝巴尔扎克，要他重新拾起笔来写作。

巴尔扎克没有和拉杜契长住，他需要完全的退隐和安宁。1828年3月，他化名德·苏维尔先生住进了卡西尼街的一幢小屋里，这就是巴尔扎克往后9年的住处。这是条位于城郊的街道，居民都是小人物，巴尔扎克曾经这样形容这里——

> 它不再是巴黎，可又仍然是巴黎，有些个广场、街道、林荫道路、碉堡、园圃、巷弄。它在乡野中，却又依然属于首都。

巴尔扎克在这幢房子里获得了更多的自由，这里僻静、安宁，他可以躲开那些他不想见的人。他所认识的人中，只有一个人知道他这个秘密住所，那就是柏尔尼夫人。

巴尔扎克的新居有起居室、书房、卧室，外带一间小浴室，一年不超过400法郎的租金还是巴尔扎克所能承受的。虽然自己还处在艰苦创业的阶段，但他已经迫不及待地要先享受舒适的居所了。有位与巴尔扎克处境相仿的音乐家，同样穷困潦倒，但他偏偏喜欢天鹅绒帘幕、丝缎的家具套子与厚厚的地毯，好培养适合作曲的气氛。而天生向往贵族身份及生活的巴尔扎克在自己这间几乎与世隔绝的房间里也增添了些华丽来润饰，可惜这些华丽的陈设因拥挤而格调尽失。他的书房里一直光秃秃的如僧院一般，而且一直都是如此。除了一张他搬到哪里就跟他到哪里的小桌子外，还有些必不可少的烛台、置放纸张和稿子的柜子。在卡西尼街时的巴尔扎克，碍于经济实力无法布置出真正的豪华，只有买些便宜的累赘物来布置客厅。他在小古董店里搜寻些全然不必要的装饰品。除了原有的家具，他另外还添置了一些钟和豪华但占用空间的大烛台，还有好些女人所喜爱的小雕像和小摆设。而卧室和浴室，则布置得温馨魅惑。他要感觉到四周有温暖、快活的色彩和精美的物品，好使他不致被每日苦修般的工作压垮。但是他现在毫无进项，而且还负担庞大的债务，如何能提前过上贵族的体面生活呢？

在巴尔扎克书房的壁炉上方立着一尊拿破仑的小塑像，他觉得这位征服者的凝视是对自己的一种激励。为了激励自己，他在一方纸条上写下：他以剑开创的伟业，我将以笔来完成。他还把这张小纸条贴在雕像的基座上。拿破仑在执剑开拓江山之前，也曾在巴黎的小阁楼里待过，如今，巴尔扎克以笔作剑，他下定决心要像拿破仑一样征服世界。

现在，巴尔扎克已经明白自己的工作能力和自己要做的工作，他也清楚了自己要想成功所具备的必要条件是专注于自己的目标，只有不把精力分散、浪费到其他地方去，意志的力量才能达成奇迹。

过去，他写了许多以笔名问世的书以后，他已经能驾轻就熟，再加上多方面与生活的接触，他已搜集了足够的素材，可以描绘出无数的人物。这些年他能做的事情也全都做遍，随着而立之年临近，他的学徒生涯也要告终了。

巴尔扎克要在群书和众作者之间打开一条通路来，他再不要做文学的杂役，净写些言情刺激小说，他决心不只要和当代的文豪平分秋色，还要决心超越他们。他决定要在文学领域崭露头角。他在新书的序言中揭示："历史的经验和教训，今天必须以人人都懂的方式叙述出来。"同时，他表示要使一个时代的精神在他笔下重现，并让历史事件重生，他确立了自己的写作模式，以鲜活的语言叙述，而不靠文件的记载，宁可叙战役本身，也不作战况的报道，而且他也不作故事般的讲述，宁愿记述戏剧性的行动。

巴尔扎克所选的第一部小说是反映地方反抗法国共和的动乱事件。这件事离他的时代不远，有很多亲身参与者和目击者都还健在。这一次他可不能再像过去那样信笔乱写。他向图书馆借来许多当时的研究报告，开始研读军事报告，并作广泛的摘录。他发现恰恰是一些微小的在历史上不重要却真实的细枝末节，才使小说生动而使人信服。没有真实与真诚就绝无艺术，而各角色若非植根于其应属的环境，也绝不能跃然而生。故事中必须将人物放置于他们所植根的环境，要他们与地方、周遭有关系，要让他们呼吸他们那时代的空气。

有两三个月之久，巴尔扎克研读搜寻一切能够获得的数据，在地图上精确地找出部队行动和军事作战的地点。他发觉，倘若他能搭乘驿马车，循着他书中的女主角的行程路线再走一趟，一定能营造出更鲜活的气氛和景致。

说来凑巧，巴尔扎克家有个老朋友德·彭梅瑞尔男爵，是旧共和时代的军人，曾参与过战事。囊中羞涩的巴尔扎克找了个借口，让彭梅瑞尔男爵邀他前去做客，彭梅瑞尔男爵久居偏远的乡野，有人来听他细说旧事正是他求之不得的。

巴尔扎克的行囊十分轻简，衣着朴素，乘的是公共驿马车的廉价座位，为了省钱，最后一段路还是用他的两条短腿走完的。巴尔扎克原先计划逗留两周，结果变成了两个月。他整天倾听德·彭梅瑞尔的回忆，做笔记并写作。他忘了巴黎、亲友，甚至德·柏尔尼夫人，而全神贯注于自己的工作。几星期之后，他便写好了数章的新小说，寄回巴黎给拉杜契。

拉杜契真不愧为文学界的伯乐，他立即发现巴尔扎克是个前途无量的青年，将来一定会成为一位了不起的大作家。他当下便出了 1000 法郎，买下了这本尚未完成的小说的版权，巴尔扎克别无选择。但是随着交易的完成，两人之间的友谊也结束了。拉杜契所熟知的巴尔扎克是位速成的作家，内容既能应读者要求，交稿又十分准时，从来不需要人催促。可是，这回巴尔扎克却要人时时催稿，因为他自己对作品不满意的话，是绝不肯交稿的。更令拉杜契无法容忍的是，手稿排出校样之后，再送回来又是满篇的更正与修改，以至于不得不重新再排。拉杜契赔上时间又赔上金钱，恼怒异常，而巴尔扎克还是一副只追求艺术高度的架势。此时巴尔扎克心中那份艺术家的责任感开始起了作用，他觉得自己必须对奥诺雷·巴尔扎克之名负责。

1829年3月，卡内尔出版公司出版了《1800年的布列塔尼》，作者是奥诺雷·巴尔扎克，还不是德·巴尔扎克。结果不如预料中的成功。其实，情节的铺排和连贯已初显小说大家的巧手，各场景也十分技巧地展开，有关军事的细节极富动感，而他对政治背景的见识也有一定的深度。只有故事本身，暴露了他以往写言情和感官小说的身份。

巴黎的评论家指出他的文体混乱不检。巴尔扎克不得不承认，多年来的随意乱涂，已经使他养成了疏忽不整的毛病。五年之后，他尽最大的努力将这部作品改写润色，重出了精修版，却依然害怕新手的笔触总会让人认出。就这样费了九牛二虎之力，第一年才销出了444本。过早信任巴尔扎克才华的人，再次当了冤大头。

就在他还在写《1800年的布列塔尼》时，一个叫莱伐瑟尔的出版商找上门来，要他偿还稿债，因为他先已预付200法郎的稿费，要他写《商人手册》。巴尔扎克不愿中断自己高尚严肃的工作而耗费宝贵的时间来搞这种通俗的玩意儿，便将从前已经在自己印刷厂里开始要付印的《婚姻生理学》拿来改写。

改写完成，竟与原作大不相同了。因为近年来他阅读了许多幽默家和讽刺家的作品，现在他不再模仿英国小说家的冷静机智了，而是改为一种热情而富趣味的文体，柏尔尼夫人和一位公爵夫人提供给他许多趣事做素材。文风的转变使原来作为清偿债务而编的书，摇身一变成了一本耀目、诙谐、流畅的作品，它未经思虑的矛盾的观点、引人讥嘲笑骂和幽默的怀疑论点在社会上引起了善意和恶意两方面的讨论。女性读者对他的作品尤为关注，巴尔扎克的书让她们既生气，又觉得有趣，无论如何，这本书在以后数星期里，成了人们茶余饭后的谈话主题。

巴尔扎克还未成就大名，巴黎民众便已对他产生了好奇心。人们邀请他去参加各种场合的活动，为此，他不得不去定制一些剪裁合身的衣服和漂亮的背心。有位公爵夫人介绍他去巴黎首屈一指的文学作品交换所，在这些地方，他认识了一些如雨果等已经成名的同行。

通路尚未全开，但岸堤却已有了隙缝，巴尔扎克巨大的创作力正如禁锢已久的洪流，像瀑布一般奔腾直下。巴黎人民发现他是多才多艺的，他能一边在炉上烹饪像历史小说那样的大菜，一边还能烤制出如《婚姻生理学》这般辛辣有趣的点心，因此，很多书商都纷纷上门约稿。

在巴尔扎克的名字开始有点价值后，1830 年至 1831 年的两年间，是他在文学史上高产的年份。他的作品通过短篇小说、故事、报纸上的文章、非正式演说、连载和政治评论等方式问世。如果将他在 1830 年印出的 70 种和 1831 年的 75 种作品加起来计算，还不包括他以笔名出版的著作以及在校样上所作的修改，他一天约完成相当于 16 页对开纸的文字工作。他常有各式各样的文章投往《小偷》《剪影》《漫画》《时尚》《巴黎杂志》以及其他许多刊物，其中内容和风格迥异。

1831 年，巴尔扎克的《驴皮记》出版，这次巴尔扎克终于可以用他一直想呈现于世人面前的"德·巴尔扎克"为作品署名了。

但像巴尔扎克这样机敏的才思在巴黎并不稀奇，叫人叹服的是在他卖弄才华的作品里，竟有历经百年而犹新的杰作，作品规模虽然小，而且是他连夜所赶写的，但却丝毫不减其在文学史上的价值和地位。如《沙漠里的爱情》《恐怖时代的一个插曲》等，这些作品都显示出这位名不见经传的作家实际所具有的小说大家的风范。

巴尔扎克对巴黎万象的描绘，如《女性的学识》《三十岁的女人》《一家和睦》等，这些作品描写被误解了的妻子，由于丈夫的冷淡和不关心，对婚姻抱持的幻梦破灭，因而好像染了怪病一般，日日憔悴下去。这些故事感情太重，又缺乏现实和客观的真实感，以我们现代的口味而言，似嫌过于病态美，然而在当时却吸引了许多读者，在他们看来，巴尔扎克开创了一种全新的形态，各地无数失望落寞的妇女觉得巴尔扎克这位医生诊断出了她们的忧伤。只有他敢大胆地宣称：不是只有处于青春期的女性才有资格爱与被爱，女人即使到了 40 岁，也应该有权去爱。巴尔扎克道出了所有女性的心声。

至于清醒的批评家们，则不得不折服于他具有无限广阔的才华。接着巴尔扎克又写了《红色旅店》，文风简洁在当时找不出第二人能与之相较。在《玄妙的杰作》中，巴尔扎克又展示了才华的深度。同行的艺术家们开始感觉到他力求完美的自我鞭策正是一切艺术成就的奥秘所在。巴尔扎克各方面的才华都已经显现出光芒，不过，他真正的天赋则在于他的广博、丰富和富于变化。

巴尔扎克真正的精神首次在《驴皮记》里显现。在这个故事里，他揭示了自己的目标，那便是撰写具有典型性的社会各层面的小说，包括上流阶级与底层社会、富贵与贫穷、奢侈与匮乏、天才与庸俗、能看到巴黎黑暗屋顶的寂寞阁楼与宾客盈门的金碧辉煌的客厅、金钱的力量与它的无能。

《驴皮记》里具有充满想象力的一部分，那便是把《一千零一夜》里的一个东方神话故事移植到 1830 年的巴黎。还有一处是对一位冷漠的伯爵夫人的描写：她宁要奢靡的生活不要真挚的情爱，而另一位与她正好相反的女孩有着无限的爱心。此外有关社团的现实主义与学生时期自传性的情景皆直接出自巴尔扎克个人的经验。

历经了 10 年挫败与摸索，巴尔扎克找到了自己真正的事业，他要成为那个时代的历史学家。他可以给畸形的巴黎及全世界进行心理疏导，并为其医治，即使无法使它痊愈，起码可以绘出它的肖像，记录下时代的声音，并且作为一个审判官和文学工作者，来揭露和批评这个世界的不正常现象。如果说他首先发现的是自己巨大的工作能力的话，那么接着他又发现了运用这种力量的目的之所在。在这个过程中，巴尔扎克也找到了他自己。在这以前，这些力量只是堵塞在他心里，他始终觉得这些力量是抵挡不住的，它们最终会把他带到那广阔无垠的世界之中去，行走在时代之初。他说："有许多事等着我去做，同时有一种不可抗拒的力量驱使着我去追求权力与荣誉。"

有阵子，巴尔扎克迷上了政治。1830年的"七月革命"使中产阶级再度掌权，巴尔扎克因此想赢得两个选区的选举，幸好选民们没有把票投给他，否则他定会错失成为大文豪的计划，而后人也将失去多部文学珍品。

回想一年前，巴尔扎克还因为一封信的邮资或搭乘一趟公共交通的开销而胆战心惊，甚至为了避免把衣服穿破不得不留在家里。1832年时，巴尔扎克还写信给母亲说："早晚我一定会发财，或者是当作家，或者是从政，或者是入新闻界，或者在商业上一炮而红。"如今，世界各地都有人在看他的书，连年迈的歌德都对他赞赏有加，各报章杂志更是以高酬劳向他邀稿。

巴尔扎克的才智不只统驭议会、证券交易所或是豪华舒适的家庭生活而已，他要统驭全世界，每逢他想逃离自己的命运，却总是被无情地赶回囚室般的写作间去继续工作。

假使文学就是他活动的领域，他可不愿随便写了一本又一本的书就算了事，他要写尽尘世的七情六欲和世间所有的生活形态，并把它们分门别类地联系在一起。他计划让个别的角色在不同的书里重现，不使各部小说彼此分离，因而写成了一部完整的当代文学史，其中包含各阶层、各行各业、各种思想情感和社会情况。

30 岁的巴尔扎克还不知道他从事的工作范围是多么的大。在他写《人间喜剧》时，还没有意识到他竟然是在记录一个时代的史诗，而作为作品背景的这些事实是时代告诉他的。当他的心灵完全被艺术家这个词占据之后，这个伟大的图景已经展现在他的脑海里。但是，30 年无比辛酸的经历却还是不够用来充实这个图景，使其变得具体可执行。

三十而立

自 1831 年出了第一本有分量的书以来，巴尔扎克便永远成了奥诺雷·德·巴尔扎克。作为一个男人和一个艺术家，他成长的岁月已经到了尾声。无论是巴尔扎克的外表、艺术发展或是道德观点上都不会再有决定性的改变了。找到了生命的方向以后，这位有丰富创造力的作家已安排下工作计划，正式投入到事业当中去。只要他的生命仍继续，他的日常工作的节拍便不会中断也不会减少地继续下去。从他投身于事业的一瞬间开始，这个事业的规模事实上是十分庞大的。文学创作中的巴尔扎克，可称得上是近代文坛里所能寻到的创作上有耐久性的最伟大的例子，他以他巨大的力量笔直地挺立着。

尽管整个事业突飞猛进，但巴尔扎克的外表却再也没改变。倘若把他50岁的形象和30岁的样子对比一下就会发现，他只是多了一丝白发，眼眶下多了一抹阴影，以前红润的容颜被少量的苍白所代替，但是大致外形却没多大的改变。当他更年轻的时候，他的那些男性特征已基本上定型下来了。令人奇怪的是，这位矮小、瘦弱、脸色苍白的年轻人竟复原为那个圆脸的胖男孩儿了。

巴尔扎克额头饱满光滑，上面顶着的却是并不干净的一头密而长的头发，脸上的肌肉松软，皮肤油腻，髭须稀少，五官宽阔不分明，给人的印象是贪图舒服和享受，终日不劳作、又吃得很多。可因为他的外表便否认了他的才华和天赋那就大错特错了。巴尔扎克体内排山倒海的文学创作力量便蕴藏在他松软的下巴里，他的看似臃肿的身体如铜铸般坚强，硕大、宽阔的体态实则充满活力。在巴尔扎克成名后，曾有雕塑家想让他散发出天才的气质，便让他的眉毛高扬，并将其塑成往外突出，好像作家的思想正从局限的头颅里往外喷涌；也有画家设法以白色僧袍似的衣服将他突出的腹部藏起，使整个体态收紧有神。而罗丹则在作品中赋予他痴狂恍惚的神情，好像他刚从凄惨的幻觉中清醒过来。这些艺术家似乎都觉得他的容貌五官不够出众特殊，因而作刻意的强调，以使得巴尔扎克的天才气质显现出来。

巴尔扎克的相貌确实太过平凡，甚至可以说是如贩夫走卒一般普通。法国的高层知识分子约可分为明敏纯练的贵族型和表现一般人民的颓废型两种，而巴尔扎克既不是贵族型，也不是颓废型，他应该是属于自然型。如果让他站着摆满臭鱼烂虾的摊位后，那便与鱼贩肉贩毫无两样。如果让他去伪装农夫、挑水夫、船工，那他一定无法让内行们察觉。最适合他的打扮就是身着衬衫或随意穿着，这样显得他很真诚而自然。如果他头发抹上香油，眼前弄副架鼻眼镜，刻意打扮成贵族模样，就会显得像个冒牌货。他身体上的特征，也如他的写作，充满活力、愉悦与充满力量。正如他的文学创作一般，他的艺术造诣和成就贵在平实自然，而不在空洞炫彩的辞藻和一些花把式。

可是一旦巴尔扎克拿起了笔，外表脑满肠肥庸俗平凡的样子便立即消失了，因为一股光芒四射的生花之笔的激流像电一般地感染了这氛围。在他谈论各种各样的事情时，宣讲哲学或简述政见时，他能够吸引住所有倾慕的眼光。在他嘲弄、吹牛、哂笑和陶醉他的听众和他自己时，他小而有神的眼睛里会迸出了富有戏谑性的智慧火花。

巴尔扎克身体上的活力，也跟他的书本一般具有无比的魔力。不论他做什么，似乎都有多于别人十倍的威力。这使他的笑极富感染力，而他说起话来滔滔不绝，也会使人忽略他的满口坏牙。他有很强的时间观念，在旅行的时候，每隔半个钟头他就要多丢给马车夫一笔小费，要他快马加鞭；他工作起来也没有昼夜之分，他可以 24 小时坐在椅子上不挪半步不停地写，常常一天下来要写坏许多支笔。有位诙谐的花边新闻作家这样描述面对食物时的巴尔扎克——

> 看见成堆的漂亮梨子和桃子，他的嘴唇战栗着，他的眼睛闪着快乐的光芒，他的双手因喜悦的期盼而抽动。他除去了领带，敞开衬衫领口，他开怀地笑着、喝着，手里握着水果刀，切进一只多汁的梨肉里。

巴尔扎克天性随和开朗，同孩童一般。虽然他明知自己每每出现在公众场合便会引起惊天动地的反应，使得同行们困窘不已，很多同行在背后说他坏话，批评他没有风格，但他却总是说他们的好话，并把书献给他们，不仅如此，巴尔扎克还在他的作品《人间喜剧》里提到这些对他颇有微词的同行们。他并不太在意几法郎的多少，在与出版商讨价还价的拉锯战中，他的目的也并不是想多榨出几法郎来，而是他想通过这个过程让他们瞧瞧他才是这场游戏的主导者。他有时也会说谎，但并非与人格相关的蓄意欺骗，而是他纵情于自己丰富洋溢的想象力和幽默感里。他晓得人们嘲笑他的举止像个孩子，他就故意装模作样地将孩童般的举止再夸张一番。他会告诉朋友一些荒诞不经的故事，虽然他们一点也不相信，可是第二天早上却已经传遍了巴黎，他因此更把故事重重地添枝加叶一番。

巴尔扎克所依赖的不是自己的名声或成功，而是他对自己身体上、心智上沛然的活力的了解。他尽情地享受着自己的特质所带给自己的充盈之感，毫不忧惧，既不自我批评，也不作反省的分析。在写给一位公爵夫人的信中，他这样写道——

> 在我5尺2寸的体内，压缩着各种想象得到的矛盾和冲突。如果有人说我虚荣、夸张、顽固、粗鲁、轻浮没教养，脾气变幻莫测，那和说我节俭、谦虚、勇敢、勤劳、彬彬有礼一样正确，我听着一样愉快。

虽然经历了多年勤俭朴素的生活，但在物质方面，巴尔扎克向来很大方，只是对于时间，他却分外吝啬，他曾说过"每天只有一个小时给这个世界"，因此他的生活里没有从事社交的闲暇。他一生中真正有深交的人不超过 10 个，而且这些人几乎都是在巴尔扎克 30 岁之前便已与他熟识了。

在他那狭窄却持久的圈子里，女性们占了主要的地位。他的大多数信件，十分之九都是写给女人的。他向她们无拘无束地倾吐，把自己的内心世界赤裸裸地呈现给她们。巴尔扎克常常在数月的沉寂之后冲动地把自己的思想和感觉一股脑儿吐诉给一位素未谋面或仅有一面之缘的女士。他从来不给男人写一封亲昵的信，从不曾向如雨果或司汤达之类他同时代最伟大最驰誉的作家们倾吐过他内心的冲突或艺术创作的问题。因为他习惯于垄断一场谈话，迫不及待地去继续他的神侃，而绝不等着听别人的吹牛，因而他毫无兴趣与那些同伴作家们通信或谈话。他不需要友情的刺激，恰恰相反，他需要内心的紧张得到一种松弛。

1833 年，巴尔扎克的作品轰动一时，但却还没有人真正地了解他的天赋，只有一位巴尔扎克新结识的贵族夫人写信给他，衷心地称赞他是"在这个时代首屈一指的作家，只有巴尔扎克自己可与自己相比"。她热切地盼着他能发挥最大的潜力，迫不及待地要看到他达到艺术的巅峰。

与和女士们的交情相比，他与男人的交情就少得可怜了，与他相交密切的都是些默默无闻的小人物。如果说他需要女人是为了协助自己和让自己心理轻松，他需要男人则是因为依赖他们，在工作之余这些人可以随时随地能够协助他。如有位德·马尔贡先生在自家的寓所里备有一间舒适的房间，随时提供给巴尔扎克作工作间用。而早年扶助过巴尔扎克的达勃兰叔叔更是一直与他保持着联系。一位无名气的画家则是因为曾与巴尔扎克共住过一栋楼房而相识。纳克尔医生照顾他的健康直至他去世，这位医生除了行医道之外，还在小说方面常给予这位大作家一些忠告，有时还会借给他几百法郎应急。一位裁缝曾在众人之前先发现了巴尔扎克的才气，并一直以来都很尊敬他，不仅任他赊账，甚至还借钱给他，让他到店里来躲避债主。不论巴尔扎克曾欠下多少钱，这位好裁缝都悉数抹掉。而天才偿谢的方式也真是别具一格，他们能使自己的债权人名留千古。巴尔扎克在《人间喜剧》里写下了几行话："他缝制的一袭衣服，足以使人在任何聚会里显得高贵出众。"这样的宣传立刻使他身价百倍，裁缝店门庭若市。

这些就是巴尔扎克的少数朋友，但是已经足够了。他已不再需要刺激、讨论、广泛的阅读、新引进的知识或新的朋友，因为他已准备好了一切。他曾说过："一棵大树会吸干它周围的土壤。"为了文学创作事业可以开花结果，巴尔扎克早已把在周遭范围内的一切能量都吸收了进去。他已不必再把别的任何人置入他比较亲密的圈内，除了他心爱的女士。

创作的过程

一夜成名对于一位艺术家而言是非常危险的。30岁之前的巴尔扎克还是一位为了养活自己不得不以文字换取稿酬的文佣，而且还是个债台高筑的穷光蛋。在短短两三年的时间里，他就摇身成为欧洲最著名的文学家之一。报章杂志和出版商对他的稿子求之若渴，他被读者们赞美的信件所压倒，被出版商谀媚。一夜之间，他年轻时的野心竟然实现，这份光荣和这令人炫目的声誉将他抛得高高的，即使是一个比巴尔扎克头脑更清醒的人，也很难避免这种成功的迷惑而沉醉其间，忘乎所以。而巴尔扎克压根就不是头脑清醒的人。他对穷困、晦暗、饥饿的生活充满了厌倦和不耐烦。

世界上即使再伟大的人，也是由普通人蜕变的，身上难免会有凡人的缺点和小愚蠢，因而成为世人的笑柄。巴尔扎克明知自己的势利心理太幼稚，却无法抑制这项大弱点。能够写出世纪大著作的巴尔扎克竟无法摆脱对贵族阶级的向往和崇拜，在他眼里，一封公爵夫人的信比歌德的赞扬意义更大。

为了在社交场合中增加自己的分量，他不能只以巴尔扎克先生的姿态出现。于是他自己授权封自己为贵族，从《驴皮记》开始，他的书全都以奥诺雷·德·巴尔扎克之名出版。谁要敢否定这项头衔，那便是自讨没趣，巴尔扎克会告诉这位怀疑他贵族身份的人，他自称"德·巴尔扎克"已经是很谦虚的了。为了让世人信服，他甚至把巴尔扎克家族的徽记刻在餐具上和马车上。接着他要改变生活形态，要过符合大作家身份的生活。

出门时，他坐着带篷的二轮马车，后头还跟着身穿制服的侍从，这样他才不会被列为二等作家。他租下卡西尼街二楼，购置了大量家具，而且没有哪个富公子敢夸口说他的服饰比奥诺雷·德·巴尔扎克更华丽、更昂贵。他的蓝色晚礼服上配着特别雕镂的金扣子，并举债购置丝绸、织锦的背心。

只有穷极无聊又极端注意表象的人才会把时间和精力花

在优雅美好的外形上。巴尔扎克只是把自己由繁忙的工作中硬抽出一两个钟头来做这些表面工作而已。巴尔扎克越来越崇尚奢华，可惜他的鉴赏力太差，再贵重的衣饰到了他身上看来都像便宜货，连爱慕他的女性都忍不住要把脸藏在绢扇后偷偷嗤笑。

巴尔扎克在文艺界的同行之间也一样不获成功。他虽然秉性善良，对别人的成就毫不眼红，而且发自内心地热烈称赞，但他却故意摆出骄狂的样子，尤其是在文学同僚面前。他举止唐突，进入一些室内场合从不摘帽，又拒绝与他的同行接受同样待遇。他不肯迁就其他作家，而且经常得罪新闻记者，让很多报社的记者觉得他不需要他们的恩惠。巴尔扎克原意是要强调社会对自我的认识和印象，结果却招致巴黎社交界的众怒。

巴尔扎克的弱点和特征太明显，这使得他成为报纸上嬉笑怒骂的对象。巴尔扎克对于这些并不特别在意，他旺盛的体力、充沛的精神和满怀的贵族优越感使他不会去注意这些小烦恼。当然，巴尔扎克对于社交界和文学界对自己的看法和嘲讽也不是毫无反应，在《幻灭》这部作品里，巴尔扎克将文学界的堕落整体地描绘下来。

巴尔扎克的虚荣和势利心理不仅对自己造成了羞辱，他的那些为数不多的朋友们看他这样，也是无比痛心。一位与他熟识的公爵夫人曾经从偏远的小城写信来告诫他，要他不要在那与他无甚相关的圈子里做戏了。

关于巴尔扎克的记述，自那个时代流传下来很多，有些有趣、逗笑，有些含蓄、讽刺，有些甚至恶毒，但这些都是当时巴黎社交界和新闻界对他的狭隘和错误的看法。有人说巴尔扎克是个大骗子，他对外鼓吹贞洁是艺术创作的先决条件，而他本人却是个多情的人，时常更换心仪对象；有人说他是个贪吃鬼，他坐在餐桌旁的一会儿工夫就能吞下三打的蚝和鸡鸭鱼肉。

流传下来的巴尔扎克的图像里，大多数不是真正的画像，而是针对他和攻击他的讽刺画。当时的人们记载了许多有关他的趣闻轶事，多到数不清。在当时巴黎人的眼中，他不是天才而是个怪人。这种偏激的看法也不是没有理由的，因为巴尔扎克留给社交的时间是很有限的，巴黎人只见到这一天之中一个钟头里的他，如何能够了解他写作时的苦修自律与他作品的伟大？真正的巴尔扎克，是一位在 20 年中写了 74 部小说的高产作家，同时他还写了无数的戏剧、短篇故事、论文等，而且他的作品水平很稳定，在文学界都称得上是上乘之作。作为一位以文学创作安身立命的文学家，这才是评量他价值的唯一标准，也只有在这些作品里，才能辨识出真正的巴尔扎克。

巴尔扎克在社交方面极尽虚荣和随性，但艺术创作上他却有着最为自律的艺术良知。他工作起来不分昼夜，有时甚至不眠不休。他真正的生命活在他自造的世界里，当代无人能替他立传，他的传记就写在他自己的书中。

巴尔扎克的这种工作安排和作息时间与其他人不同，别人的白天是他的夜晚，别人的夜晚则是他的白天。

　　晚间 8 点，当人们一天的工作完毕，用罢晚饭，便要休息或要出门娱乐。此时的巴尔扎克已经在案头工作了十六七个小时，这时正在自己漆黑的房里沉沉睡去。

　　9 点钟，戏院、舞场和赌馆里开始热闹起来了，巴尔扎克继续在睡。

　　午夜时分，外出狂欢的人们也已经熟睡，巴黎安静无声，灯光也几乎全灭，整个城市都陷入了酣甜的睡梦中。这时，巴尔扎克又坐回到案头开始工作了。因为这个时候没人会来打扰，他有 8 至 10 个小时的时间可以独处、思考和写作。对于自己的工作状态，巴尔扎克曾经说过："在我必须中断并出去时，我是无法工作的，我从来没有一次只工作一或两个小时。"因而不受限制与分割的夜晚，遂成为他的白昼。

　　为了工作的方便，巴尔扎克根据多年伏案写作的经验自己设计了一件工作袍，这是一件白色的长袍，够完全自由活动。一条编织的细绳松松地系在他僧衣似的罩袍上，上面不是挂着十字架和肩衣，却是悬着一把裁纸刀和剪刀。冬天的工作袍是由温暖的克什米尔羊毛所制，夏天则是薄亚麻布。子夜，他的仆人会进来为他点上蜡烛，醒来的巴尔扎克再度燃起工作的火焰。这就是巴尔扎克一口气工作若干星期和若干月的方式。除非他手边的工作做完，否则他不会接受任何形式的打搅。但是夹在两个完全专心致志的工作时期中间的休息时间永远是短暂的。他失望地感慨："一本书接着一本书，一夜连着一夜，这是一成不变的。我要建造的建筑物实在是太宏伟高大了！"等他工作起来，现实的世界就隐退了，只有他脑海中的人物在说话、在活动、在生活。他开创的是个自己的世界，一个万世不朽的世界。

巴尔扎克在他那张朴实的小长方形桌前坐下，他对它的钟爱胜过一切别的财产，它跟着他搬过一个个的住处，它是他真实生活中唯一的无声见证。他在这张桌子前生活，也在这儿工作至死。"我在一个月里要做的事，是别人一整年或一年多的时间内干不完的。"但是工作对于他已成为一种强制的必要了，而且欲罢不能："只有工作时我才忘了痛苦，对我来说，工作是对我的慈航普度。"虽然他的工作是各种各样的，却对它的持续不断毫无影响："我在不写的时候盘算我的计划，而在我不写也不盘算的时候，我改稿样。那就是组成我生命的东西。"他接近病态地用尽他的精力，但他也一次次地承认这种不自然地消耗精力必将导致不幸的后果："我的脑子有时就像失了火，而我似乎命中注定要因头脑的损坏而死掉。"

巴尔扎克真正的生活方式就是工作。他暗暗自满地赏心悦意于一种妖魔一般的毅力和创造的意志，原因是这些都可以让他从伸缩自如的脑海和魁梧的身躯中取出最大（甚至于超过最大）的源泉。他终日从事火热的工作并自豪地宣称："我的工作就是我的放纵。"他工作方式的原则就是从生活中吸取最多的经验。

　　他的书桌上，左边放着成堆整齐的白纸，这些白纸是经过仔细挑选的，其大小、形状都很特殊，带着浅浅的蓝色，这样才不会刺眼或使眼睛疲劳，这些纸张纸面特别平滑，这让他书写起来毫无阻碍，不会影响文思的奔泻。他的笔也是仔细准备好了的，他只用一种由乌鸦羽毛制成的笔，其他笔他从来不用。因为他书写量惊人，所以他的书桌总是同时摆放着两瓶以上的墨水瓶，以备不时之需。他的右手边置有一本小笔记本，让他可以随时在上头记下一些思想或念头。此外，再无其他装备，与初学写作时不同，如今这位大作家的案头，书籍、论文、研究资料一概不需要。巴尔扎克在写作之前，早在脑海里将一切都消化了。巴尔扎克看看四周，一切都准备就绪。

　　他身体向后靠在椅背上，把右手的袖子卷起，以方便能更好地书写。接着，他便奋笔疾书。他文思泉涌的时候不在纸上作丝毫停留，他的笔快速地在纸上滑过，那一个个的字几乎跟不上他的思想了，好像在默写一篇熟练的文章一般，文字由他的大脑倒在纸上，倾泻如注。于是他的字越来越潦草，越写越简，却依然不肯停笔，直写到手指酸痛，字迹在眼前浮动，累得头脑发昏，才肯罢休。

　　外边街巷寂寂，室内只能听见羽毛笔沙沙的书写声，以及不时将写好的纸张堆放在一起的声音。屋外天要亮了，但是巴尔扎克没发觉，他的视野依旧是蜡烛照出的小光圈。

经过五六个小时连续不停的写作以后，巴尔扎克觉得他非得暂停不可了。他的眼睛开始流泪，太阳穴上青筋直跳，手指僵直麻木，腰酸背痛，他再也承受不了这样的紧张了。换个人也许已得意于自己所写的东西，在写不到他的十分之一便早早收笔了。巴尔扎克却不是，他从椅子上站起来，没有朝卧室的床上走去，而是朝放着咖啡壶的桌子走了过去。

咖啡可以让巴尔扎克再度振奋。对巴尔扎克而言，咖啡简直比吃饭、睡觉还重要。他讨厌烟草，认为这种东西会对身体造成伤害，更可怕的是它会侵袭心灵，使人类变得愚钝，可是对咖啡，巴尔扎克却唱起颂歌，他称赞咖啡随着食管进入胃里后，会产生奇妙的反应，使疲惫不堪的躯体振奋起来，重新运转。没有咖啡，他就没法工作，因此他的家当中，除了纸、笔、墨水之外，咖啡机也是必不可少的，他人到哪里，咖啡机便跟着他安置到哪里。他很少让别人为他准备咖啡，就如同他只用某一特定种类的纸张和特定类型的笔一样，在调咖啡上，他也有独特的方式。他的咖啡是由三种不同的咖啡豆所煮出来的，而这三种咖啡豆需要分别在三个不同的地方购买，每次采购都要从巴黎这头走到那头，花半天的工夫。

巴尔扎克一生中喝下的咖啡数以吨计，为保证写作数量，他每天必须喝下 30 杯咖啡！再奇妙的东西，过量的摄入也会产生不良的后果。渐渐地，巴尔扎克喝咖啡成瘾，他食用的分量越来越重。经过近20年的过度纵饮之后，到了1845年，他不得不承认自己的身体组织已因不间断的刺激而受损，并埋怨咖啡对他来说效力越来越差，而且还经常引起胃的剧烈疼痛。5万杯浓烈的咖啡加快了他《人间喜剧》的写作进度，却也造成了他过早的心脏衰竭。

当时钟敲响了8下，门外便响起了敲门声。他的仆人奥古斯特端来了一份简便的早餐。此时巴尔扎克拉开窗帘，踱步到窗前，望着外面沐浴在清晨中的城市。商店开门了，孩童赶着上学去，马车咕隆咕隆地沿街行驶，整个巴黎又开始熙攘起来。

为了舒缓一夜工作的紧张，巴尔扎克通常在吃过早饭后洗个热水澡，这是他能够安心陷入冥想而不受骚扰的时光，他要在浴缸里待上1个小时。而当巴尔扎克刚刚泡完澡，他的工作便又接踵而至，门外的脚步声越来越多，各个印刷厂的人陆续来了。第一个来访者是索要一份正在写作的小说的新稿件的人，他要拿到那份巴尔扎克夜间刚刚写完的、墨迹未干的稿子。巴尔扎克的每部小说几乎都是在写成之前便早已卖出去了，而且由于他恍惚的工作状态，根本不晓得自己在写些什么，或已经写过什么，因此巴尔扎克写的东西都必须立即排印。即使他眼睛再尖利，也瞧不出自家草稿上那片浓密的字迹丛林中的问题，只有排印出来以后，他才能一段段地再重新检视。

继第一个来访者之后，其他印刷厂、报纸、出版商等，都带来了巴尔扎克前两夜所写的东西的校样，与更早时候连载续稿的二三次校样。这些油墨未干的校样，常有五六打之多，把他的小桌子堆得满满的。

上午9点钟，巴尔扎克结束了短暂的晨间休息，开始阅读校样。与其他审读校样的人不同，他对待校样，经常大篇幅地改写，有时甚至全部重写。事实上，他只把第一校样当成是初稿，然后本着敏锐的艺术良知，对着这些"初稿"一再地仔细推敲、改正。凡是与他工作有关的事情，他都专断而顽固，毫不顾忌印刷厂与出版商。他坚持校样纸必须有特定的长和宽，在校样的左右和上下要留出极大的空白边缘，好让他更正和修改。巴尔扎克从来不收印在普通的便宜黄纸上的校样，他对校样纸张的要求很高，纸要白，这样字母才能够清楚地显现。

巴尔扎克再度坐在案前，才在校样上瞄那么一眼，他的笔就不可抑制地刷刷刷地写起来，他对所有校样中出现的阻塞他阅读的地方都十分不满，文体欠佳、意思含糊、句构混乱、层次拙劣，这些全都得改过来，使它更清晰、明了、简单，文字和内容水平又提升了一个层次。一般给排字工人看的说明符号已经不够用了，巴尔扎克不得不自己发明一些符号来供自己修改之用。他才坐下没多久，校样的边缘就已经被填满了，再也挤不下一个字。他在校样上留下的修改意见比打印出来的东西还多，而且满版的东涂西抹，使校样看起来像被细密的蛛网笼罩了一般。巴尔扎克并不就此罢手，他把纸翻过来，在背面继续写。这还不算，他的修改方式时常突破常规，有时连剪刀都会动用，他把那些认为已经毫无价值的部分全部从校样上剪了去，再在洞口处贴上改后的文字。这份满目疮痍、混沌一片的校样，最后再送回印刷厂去时，比起原稿还要难以识别数倍。

在报社和印刷厂里，连最有经验的排字工人也表示根本瞧不出个究竟来，即使付他们双倍的工资，他们也不愿意再碰巴尔扎克的书稿，最后双方各退一步，排字工每天只肯面对巴尔扎克的书稿一个钟头。这样下来，巴尔扎克一个书稿，需要一个工人花上数月的时间来破解里面的如符咒般的修改说明。

即使这样，他们的工作也才算是刚开始，当巴尔扎克收到第二校样时，他又把之前的那一套再重演一遍。这样的情形在他的每部书稿中要发生六七次，所幸越往后改动会越少。巴尔扎克的有些作品，修改校样达十五六次之多。

巴尔扎克的这种修改方式是一成不变的，任凭出版商哀求、善意的责备还是诉诸法律的威胁等，都不能打动巴尔扎克，即使在巴尔扎克经济最窘困的时候，他也没有停止过这套昂贵的作业。因为这种执著

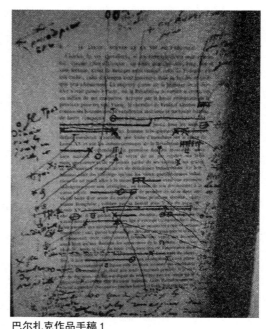

巴尔扎克作品手稿1

和坚持，他时常丧失了半数的酬劳，有时甚至是全部酬劳，因为他必须自掏腰包来承担改正和重排的费用。为了追求艺术的完美，在这一点上，他是绝不通融的。曾有一位报社编辑未得他的允许，不等最后校样出来，就擅自连载了巴尔扎克的续稿，结果巴尔扎克和他闹翻，并拒绝再与他来往。

巴尔扎克非常珍惜他的那些校样，总把各阶段修改好了的校样与原稿装订在一起，有时竟有 2000 页之多，而出版后的小说却只有 200 页左右。人们看到的只是作品最终的面目，却看不见巴尔扎克为了作品能以完美的面目呈现给世人，将自己幽居在书房里废寝忘食、呕心沥血的自我牺牲。

巴尔扎克常将这些装订成册的校样当成最珍贵的礼物赠送给亲朋好友。"我这些稿册只给爱我的人。我夜晚的时光就花在这些要命的稿子上，它们亲见了我成长时的辛劳与坚忍。"巴尔扎克骄傲地说。大部分的稿册都献给了他心爱的德·韩斯卡夫人。纳克尔医生在收到《幽谷百合》的稿册后，认为这是一件非比寻常的礼物，是巴尔扎克心血的结晶。

巴尔扎克作品手稿 2

现在让我们重新回到这

位大文豪的日程上来。巴尔扎克一个早上的三四个钟头的时间就这么花在校样上。接着，他开始进食午餐。他的午餐通常也很简便，一个蛋，一两份三明治，或是一小块面饼即可。但不要以为巴尔扎克是个崇尚粗茶淡饭的人，他本人是很好吃的，他十分喜爱家乡的那几道浓腻的菜，好吃的肥碎肉、鲜美的腌鸡、多汁的红肉，还有红酒和白酒。但是工作的时候，他禁止自己纵情于美食与美酒，他知道一个人在大快朵颐之后，通常会变得很懒惰，他可没有时间和闲暇懒惰。午餐过后不久，他就又把安乐椅搬到桌边，继续修改校样，有时，他会利用这个时间随手写下备忘录或一两篇文章和信件。

　　一个白天很快过去了，在近 5 点的时候，巴尔扎克结束了一天的工作，他搁下笔准备度过一天中最闲暇的时光。他已整天未见外人，甚至连报纸也没瞧上一眼，现在他可以轻松一下了。奥古斯特会送上晚餐，他可能有时接见一个朋友或一个出版商，但他大多时候是独自一个人冥想的。他所想的大多有关当天晚上所要做的工作。他几乎从不到街上去，因为他实在太疲乏了。晚上 8 点钟时，当巴黎的夜生活刚刚开始，人们开始出门活动了，此时，巴尔扎克准备就寝，他实在太累了，头刚一接触枕头便沉沉睡去了。而这一天的繁重的工作并不会使他在未来的一周甚至一天里更加轻松，他的工作就是在这样周而复始的艰辛与劳顿中进行的。

　　这就是巴尔扎克一口气接连着数周，乃至数月的工作方式。只要一部作品未了，他的这种状态是不会中断的，而他每部作品的间隔时间又总是很短。于是，巴尔扎克就这样一本接着一本地写，直到文学生涯的最后一刻。

这种生活如镣铐般将巴尔扎克死死地锁在案头，巴尔扎克时常觉得自己是否错过了生命本身。他常说："我在一个月里要做的事，是别人一整年或一年多的时间内干不完的。"但是工作对于他已成为一种强制的必要了。

巴尔扎克被工作所束缚，即使在恋爱时，他满腹的柔情也融化不了文学家的责任。对巴尔扎克而言，工作是要先于爱情的。在要去看望恋人时，纵使心急如焚，但他也不忘在信上提醒情人，在下午5点之前，他是绝对无法出现在她面前的。

无论歌德还是伏尔泰，身边总是有两三个唯命是从的秘书帮忙料理，而巴尔扎克却事必躬亲，他没有商业代表、秘书或顾问，所有业务，包括全部信件都由自己处理。他书本里的每一句话，信件中的每一个字，都是他的亲笔；他自己安排签约，整理法律诉讼中的所有程序；他负责家里的采购，亲自指示商人；后来甚至亲自照管妻子的财政。他还要经常帮家里出主意。他也清楚这般超越常人的精力透支最终会要了他的老命。

在过分紧张的工作时期结束之后，巴尔扎克允许自己略作休息，但每当这个时候，他整个人就像要土崩瓦解似的："我一天睡18个小时，另外的6个小时则什么也不做。"过度工作之后，他的歇息方法也是极端的。只要一有精力，他就走到人群里去与大伙高谈阔论。因独处太久了，长久以来他都没听到过自己的声音了，因此在交谈中，他往往很自然地垄断了同别人的谈话。在若干个星期的俭朴生活以后，他以一种肆无忌惮的好胃口来暴饮暴食，而当他旅行时，老是嫌马跑得不够快。他在所有动作中都保持一种可在他小说中找到的丰富的幻想，同时带有一种有生气的欢愉的本能。他如同久被禁于马厩中的赛马，一朝呼吸到醉人的自由空气时，便不禁尽情舒松筋骨，恣意狂奔。

尽管人们对巴尔扎克的过度行为指指点点，但都无损于他的天才和伟大。一个像巴尔扎克这样能纵情工作和恣意休闲的人，若是举止正常，那才真是反常的。

厚积薄发

工作是巴尔扎克生活的全部内容。在成名后，巴尔扎克再次坠入爱河，恋爱的花销让他有点吃不消，渐渐地他又开始入不敷出。而巴尔扎克的才华似乎在经历过困难之后才会喷薄而出。在这段清贫的日子里，他已经开始着手写他所有著作中最深远、博思的一部——《路易·朗倍尔》。这部作品突破了他以往作品的风格，是巴尔扎克对过去那个崇尚时髦、好幻想的小说家的一种告别，它证明了巴尔扎克文学艺术的诚实与质朴。此前，迫于那个时代的文学领域被言情小说和社会小说所占据，哗众取宠的作品能轻易地为巴尔扎克赢得他所迫切需要的财富，但它们大多没有多大的市场远景。出版商和书商殷切地期盼着他下本书会是一部跌宕起伏的且最终是大团圆结局的作品，他却在全心写一个悲剧故事，其中那位充满智慧的主角，直可媲美歌德笔下的浮士德。

路易·朗倍尔这个人物反映出巴尔扎克青少年时期的理想和想法，作品表现的是一位尽心竭力地禁欲苦修的天才将不能存于凡世，因为一个负荷过重的大脑终究承受不住那样的紧张，以致最终达到爆发的程度。巴尔扎克想借这个人物来处理一个接近于病理学方面的问题。他对天才与疯子之间的关联所给予的关注，远远超过了他所处的时代。

在作品的前几章里，巴尔扎克借用路易·郎倍尔的形象描写他自己天才的萌芽，他成功地刻画出一个真实、可信的角色，这部书重在说明人性在生理方面和心理方面的关系。路易·朗倍尔因为强烈的求知欲而毁坏了自己的身体，在"追求不可能"。拿巴尔扎克在《路易·郎倍尔》中所有的思想的地位来和歌德在《浮士德》中所有观念的地位相比，也不算是夸大其词。也许巴尔扎克并不是存心和歌德一较高下，但两部作品的产生过程的确存在很大的不同。最明显的差异便是，歌德的《浮士德》费时 60 年才完成，而巴尔扎克的《路易·朗倍尔》则是在 6 个星期之内完稿的。为了使这部书的结局可以呼应他推导出的某个结论，巴尔扎克硬是为主角安排了一段毫无新意而且略显无聊的爱情故事，这不免使读者在钦佩他的那些哲学理论与想法的同时，也抱有一丝遗憾。虽然这部作品后来重新修订过，但作为一部艺术作品，最终还是不够完美，不过从理想角度看，这部作品倒代表了他解决和处理严肃重大问题的崇高抱负。

在《路易·朗倍尔》的手稿送往巴黎后，巴尔扎克身上的钱都已经花光了，于是，他只得去一位不会对他的穷酸相嗤之以鼻的朋友家中，在那里安心地工作。

在初尝成功的两三年内，巴尔扎克曾经夸下海口说要还清母亲的债款。可是被成功冲昏了头脑的他对自己的才华过于自信和依赖，因此花钱如流水。如今债台高筑，他便一筹莫展，只得像一个败家子一样逃回到母亲那里，求她出面担保，借 1 万法郎来挽救他的荣誉。

安·夏洛蒂最终说服了一位老友——德兰诺夫人，从她那借来 1 万法郎给这个有悔改之心的败家子。不过，她要求巴尔扎克必须保证改变之前奢侈的生活方式，巴尔扎克只得答应，以后一定放弃挥霍无度的生活，保证用复利的方式去偿清他的债务，培养节俭谦逊的品德。

摆脱经济困境的巴尔扎克如同重获新生，他又可以自由地享受生活了。在去了一趟日内瓦后，巴尔扎克便直奔德·柏尔尼夫人的住处，将自己毕生最珍爱的《路易·朗倍尔》献给了她，并在书的第一页写道："献给我所选择的女人，现在以及永远。"虽然此时的德·柏尔尼夫人只能给予巴尔扎克母性般的情感，但之前他从未这样深刻地感受到，他的这位初恋，时至今日，仍然是他最深爱的人。

以万物为素材

接二连三的成功使巴尔扎克了解了自己所掌握的力量，他知道该如何运用自己的能力，那便是以笔征服世界。他理想中的成功并非只是物质上的，他的灵魂里酝酿着比物质财富更高的目标，他甘冒失去读者的风险，勇敢地在成就艺术价值与投读者喜好两者之间作出了选择，虽然他的作品越来越偏离读者的口味，但他最终实现了自己的艺术成就。而他所创作的那些作品，很多都是取材于现实生活，并以现实万物为基础素材，进行放大。巴尔扎克卖命地写作，写到出神的时候，他都会忘了自己是谁，传说他在写高老头临死的凄惨情景时，不禁号啕大哭。

1832 年至 1836 年间，巴尔扎克的作品种类杂陈。人们很难相信，《路易·朗倍尔》的作者，同时还写了《谐趣集》。显然他是想试试自己的天赋到底有多高。《谐趣集》以另一类风格写成，再加上他自己发明的法国古语，纯粹是在说故事，让他可以尽情地说故事，真是痛快淋漓。这些文字中丝毫不见有精心雕琢的痕迹，没有不必要的深思，读者也无须仔细思考。如果生活不是那么残酷，巴尔扎克的诙谐故事还不止这些，一定会多上几倍。

类似《谐趣集》这样的作品只是他天赋的下限，为了达到他文学天赋的最高极限，他还在写哲学作品。心智和文笔都日渐成熟的巴尔扎克想处理有关人性的重要问题，不管是社会方面的、哲学方面的或是宗教方面的，他要把小说提升为更崇高的艺术形式。

巴尔扎克首先从自身取材，他刻画了很多因过度努力追求向上而结局却悲惨的人们和那些最后与现实脱节的天才们。《路易·朗倍尔》是他在这方面的首次尝试，里面描写的哲学家拼力想要解答生命问题的极致，结果以疯狂告终。这个主题一直在他的小说里反复出现。他的作品《玄妙的杰作》中的画家，为了达到想象中的完美而超越了完美，他过度的努力毁灭了自己；巴尔扎克描写过的一位音乐家，超越了自己的艺术极限，最后只有自己能听到自己创作的乐曲；而他笔下的化学家则为寻找原始的元素而毁了自己。这些都是追寻绝对完美的人。

除了与自身特质接近的人物外，巴尔扎克还十分留心周围人的见闻。他的一个朋友说了一个罗梅尔医生的故事。巴尔扎克以此为素材，完成了小说《乡村医生》。小说中的罗梅尔医生在当地拓植了一片废弃的土地，他心地善良，为当地的农夫提供工作，养活了很多失去生计的农夫，使他们重获新生。在巴尔扎克的其他作品里，他只是充当一个社会评论家的角色，而在此处，他则采取了更确切的态度，列举出社会问题可以据以解决的方案。

《乡村医生》称不上成功，更称不上完美。巴尔扎克的笔触太轻，而且他向来以强烈的现实感来给予作品真实可信的生命力，这次却以宗教的形式呈现，角色的个性未免有失统一。最重要的是，一部作品想对永恒的问题提供最好的解决方式，不应该以报纸连载的方式写出，更不该先收稿酬。他的哲学小说只达到了他最高期望的成果，却并不算是最高水准的艺术作品。他成功的还是那些以艺术家视角来描述艺术家的作品，像《玄妙杰作》便是一部登峰造极的不朽作品。而他的哲学小说只显示出他令人难以置信的知识广度和开阔的思想领域及他多方面的才华，至于作品本身，却称不上是上乘之作。

巴尔扎克站在故事叙述者与思想家之间对生活进行细致的观察。对现实主义的描绘才是他的真正事业。他在这方面的第一个成就便是《夏倍上校》，第二个便是《欧也妮·葛朗台》。渐渐地，他发现了驾驭自己作品的法则——描叙现实。以前，他曾试着到浪漫主义中寻求小说的基本性质，一面采取玄幻神秘的故事结构，一面又将故事架构于自身所处的时代。但现在他发现了如果直接地观察同时代的景象，也同样会产生丰富、鲜活的效果，重要的不是题材和布局，而是作品内在的力量。

巴尔扎克已经发现了大秘密，万事万物没有一样不是写作的素材，现实是永不枯竭的宝矿，只要从正确的角度观察，人人皆可成为《人间喜剧》中的演员。一位作家想要描叙这个世界，则不能忽略任何一方面，每一个社会阶级的层面都应加以表现，不管是艺术家、律师、医生、脚夫，无论将军还是士兵、贵妇还是妓女都一样重要，所有这些阶层均是相互交织的，他们彼此都会产生交集，因而各个类型的角色和各种行为模式都必须上台。

天下间的一切都是可用的素材，但同时，没有一件素材是现成可用的，而将素材变得可用，便需要艺术家的创造过程。创造需要正当的观察、集中，汲取最大的成分，暴露最强的人性弱点，从而揭露感情，发掘潜在力量。如《高老头》中描写的那间寄宿学校、实验室、书房等，都具有可能相同的戏剧性。在《欧也妮·葛朗台》和《高老头》里，每个角色设定都经历了巴尔扎克长期的观察和研究，作者了然于这些人物在现实中的秘密，他只消让他们在不同的时空——登台亮相，而不需作任何道德上的强调，读者便能了然于胸了。

继续创造新角色则是不必要的，只要适当加以分类，同样的人物可以反复出现。如一两位医生便足以代表医生这个身份，一位银行家的形象便可为全体金融家的样本。巴尔扎克越来越发现，要使这么丰富的题材有个界线，他一定非有个工作计划不可，而这个计划将会占去他的余生。他不能只让自己的小说一本本并排而列，他必须让它们彼此密合。巴尔扎克还不知道他的《人间喜剧》的全部范畴所在，但却知道必须采取一连串的步骤。1834 年 10 月的一天，他依据自己的期望为自己的人物创作拟了一个计划——

1838 年把这巨大工作中的三个部分完成到相当的程度，至少可以使人们看到这个计划的结构，首先要进行"行为研究"。我要描写每一种姿态、每一种生活情景、每一类男性和女性、每一种职业、每一种生活的方式、每一层社会地位、法兰西的每一个省份，童年、青年和老年，法律、政治和战争——不能有任何遗漏。而我的主题，则是真正发生于各处的事情。

接下来是第二阶段——哲学研究。研究了导致行为的原因之后，接着要叙述影响。在"行为研究"中，我显示的是感情、生活与结果之间的相互作用。在"哲学研究"里，我要讲述感情的源起与生活动机的起因。在"行为研究"中，以个体人物来说明普遍现象；在"哲学研究"中，个体则将以典型现象来表述。但我所要描写的仍然是生活。

在结果和原因之后，我们必须寻找常规。这一步骤便是"解析研究"。因为说明了因果，我们便得遵守原则。但在比例方面，因整个工程是螺旋上升的，顶上变窄了，中间集中了。假使我的"行为研究"需要 24 册，"哲学研究"便需 15 册，"解析研究"则只再需要 9 册。这样，我便可以描写、分析、批判人的本身，人类和社会，却不必像《一千零一夜》那样重复地讲述了。所有这些完成之后，我将要写一篇科学方面的著述。而在这些巨大工程的底部，我还要完成《幽默故事百则》。

巴尔扎克的著述计划确定以后，就不再顾及出版商及报社的意见了，也不再妥协。即使再穷困绝望，他也不允许出版界在没有他许可的情况下擅自处理他的稿件。对那些自以为控制着大众意见的新闻记者，他也开始轻蔑起来，不再理会。债主们可以搬空他的全部家当，却不能从他建立的文学世界里拿走一粒尘土。这是一件毕生的工作，他觉得自己内在的力量可以完成这项工作，只有他敢于挑战这种计划，也只有他有这个天分能完成这项工作。

神秘的读者

巴尔扎克觉得自己可以活到 60 岁，可是他已经为自己拟订了庞大的计划，这意味着他的余生都要在书桌前度过了。为了达成目标，他必须脚踏实地地工作。此时，他需要一个妻子和他组成一个家庭。

巴尔扎克知道自己貌不惊人，举止也不够儒雅，想要靠外表去吸引女性几乎是不可能的。很多贵族女子都拒绝过他。他既没有时间和女士们甜言蜜语，更没有勇气去接近她们，除了一片痴心，他几乎什么都没有，而他也十分清楚，女人绝不会仅仅因为他的痴心就被俘获了。而最主要的是巴尔扎克根本无暇去寻觅他的梦想中的女子，除非他的梦中情人主动来找他。

按常理来说，这种主动送上门来的女性几乎是不存在的。但对于巴尔扎克来说，这种事情却在情理之中。大多数女性读者们没见过巴尔扎克本人，因为读了他的作品后，常会对他产生幻想。很多女读者写信给他，有的还会登门造访。女性读者经年累月的来信，增强了巴尔扎克的信心，使他觉得自己虽然没有出众的外表，但仍然能俘获女人的心。

1832年2月的一天，他收到了一封长信，一看信封和字迹，便知道是出自一位女性之手。这封信由俄国寄来，历经数周才到了巴尔扎克的手中，信封署名"无名氏"。巴尔扎克收到这封信时，并没有马上拆开来看，对于收到女性读者的来信，他早已习以为常，而且巴尔扎克当天正好有个约会，便把它搁置一边。他不会想到，这封信将会对他此后的生活产生重大的影响。

关于这封信还有一段奇特的故事。这个故事便发生在一处贵族府邸，这处府邸方圆百里都没有城市和村庄，有的只是一排排农奴住的茅草屋，目光所及都是广袤无垠的田野和繁茂的森林。这里的一切都归温西斯拉夫·韩斯卡男爵所有。

欧洲所能买到的一切奢侈品在男爵的这座与世隔绝的府宅里随处可见，这里有名贵的油画、英国银盘、法国家具、东方地毯、中国瓷器，还有大量的藏书。马厩里有很多的马车、雪橇和马匹，府中仆人众多，还有一大群农奴。每天，这座看似与世隔绝的宅子里都熙熙攘攘，热闹非凡，男仆们户内户外地奔忙，仆妇和厨娘为楼上楼下端盘送水、烹饪美食，还有女家庭教师能弹会唱。这些典型的贵族府邸的生活，却让这间宅子的女主人德·韩斯卡夫人感到无趣之极。说起这位男爵夫人可是大有来头，她出身波兰贵族，一位祖辈的姑姑还曾经是法国皇后。而她本人也是个出名的美人儿，在父母家里，她已接触了法语、英语和德语，对文学有鉴赏力，她的兴趣与西方世界里的大部分人一样。可是男爵已经50多岁了，身体也不是很健壮，他空有大片产业，却不知如何享用。丈夫如此，周围的邻人更是如此，这里的人都未受过教化，对心灵和精神上的需求并不热衷。男爵夫人在全无心智交流的情况下，更感寂寥。

这里常年冰雪封山，很少会有客人来访。春天来时，他们上基辅去参加舞会，每隔三四年会去一趟莫斯科或圣彼得堡。此外的日子便都是空虚而苍白地度过的。自小便认识到文明重要性的她，如今被困在这个蒙昧的世界里，这一切使她对婚姻和未来生活充满了绝望。

这所房子里的居民每周所盼望的唯一一件事情就是邮件的到来。当时俄罗斯还没有铁路，贵重的东西都是用马车或雪车从远方送来。这是一件大事情。男爵一家订阅了当局允许的所有外国报纸，特别是巴黎保守的《每日新闻》以及法国的一些文学评论。他们的书商还按期给他们送来许多新出版的重要的书籍。距离的遥远使每天发生的平常琐事变成意义重大的事，而在巴黎被漫不经心浏览的报纸在这里却被所有识字的人们从头到尾一点不漏地阅读着。这个家庭对欧洲的文化仔细地讨论或评论，比起巴黎的报刊来要仔细和认真得多。德·韩斯卡夫人晚上就同她的两个外甥女及女儿的女家庭教师一起交换她们对日间阅读的意见和感受。有的时候，男士们也会参与进来，他们时常会因为一个演员、政客或作家而争得面红耳赤。

1831 年的冬天里，这座府宅中被讨论最多也是最为激烈的，是一个名为奥诺雷·德·巴尔扎克的作家，他新近才在法国蹿红。他写了一本很棒的书叫《私人生活场景》，没有哪一个作家像他这样深深地看到女人的内心，没有人像他这样对寂寞失望的女人给予深深的同情。他能了解并宽恕女人们的过错和弱点，这真是了不起，不过，像他这样的人怎么又会写出像《婚姻生理学》这样讽刺的小说呢？这样一个能够洞察女人内心的作家怎么又会把女人当作嘲笑和戏弄的对象来写呢？像德·巴尔扎克先生这样的天才作家，应对女人有更佳更准确的评价力和观感才对。德·韩斯卡夫人对此抱有遗憾，她觉得，如果作者不能更好地忠于自我，那该有个人拉他一把，让他走上正路才行。

听了德·韩斯卡夫人的想法，一位女士建议道："既然这样，干吗我们不亲自去呢？"这位勇敢的女士话一出口，立即遭到了其他人的否决："不行！自己的太太擅自和巴黎的陌生男子通信，让别人知道了会怎么说？这种关系到名誉的大事情千万不能鲁莽。"

经过一番争议以后，大家最后决议联合创作一封信寄给这位奇特的作家，既然他一边赞扬女性，一边又嘲弄她们，叫女士们猜不透，这回女士们也要让他领教一下什么叫"难以捉摸"。于是她们写了一封言辞浮夸的长信，信中既表示了钦佩的，也带有丝丝甜蜜、浪漫的情感。当她们想到这个崇拜女人而又用同样的笔调去讽刺挖苦女人的作家受到这封信的愚弄的情景时，便觉得异常兴奋。当然，这封信不是由德·韩斯卡夫人来签名或执笔。她的弟兄，或是女教师鲍莱尔小姐都可以抄写。为了使这位巴尔扎克先生更加迷惑不解，他们还在信上盖了个"无名氏"的署名。

巴尔扎克从来不会让倾慕自己的女士苦等回音，可是这个无名的爱慕者，却没有留下真名和具体的地址。而那群恶作剧的女性也无法得知，巴尔扎克的反应早已经超过她们的预期。即使到了后来，这位无名女士还特别指出："对您而言，我只是一位默默无闻的读者，终我一生都将一直这样。您永远不会知道我是谁……"

神秘的无名氏令巴尔扎克着迷，他一定要想个办法让对方知道自己的感谢之情才行。恰好当时《私人生活场景》的增订版已经在排印，里面有一则新增添的名为《赎罪》的故事尚未献给任何人。于是巴尔扎克指示印刷工人，在标题页上复制无名氏来信中出现的印章字迹。"她一定会收到新书，那么，她一定会觉察到我选择了一种较慎重的方式去向她表示谢意。"巴尔扎克乐观地幻想着。

这一时期，德·柏尔尼夫人仍旧全心全意地替巴尔扎克审读校样，与巴尔扎克不同，她可不欣赏这个自以为是的"无名氏"的所为，因此在她的示意下，巴尔扎克对神秘女士的内心感激被删掉了。

当然，这群女士们没有期待巴尔扎克的回音，她们只是想引起他的注意，勾起他的好奇，她们猜想这封信对巴尔扎克先生能产生什么样的效果。在这些信件为她们提供了两三个星期的消遣之后，她们渐渐地就开始想到，这样的集体创作是否真的达到了预想的目的？巴尔扎克真实的反应到底如何，是恼怒、迷惑，还是受宠若惊？恰好，韩斯卡男爵夫妇计划去西欧旅行，到了那里，德·韩斯卡夫人便可以更方便与这个大作家通信了。

临行前，德·韩斯卡和她的女伴儿们决定再寄一封信给巴尔扎克，虽然她们不清楚德·巴尔扎克先生是否希望再收到无名者的来信，他是否愿意再接受神的指引。德·韩斯卡决定去确认一下，他究竟收到信了没有，于是她想出了一个办法，在一张报纸上登了一则个人的启事——

请您在《每日新闻》上登一句话，好使我确信您已经收到了这封信，并且我也可以放心再给您写信。请您在报纸的启事上签下"致无名女士"德·巴·奥。

1833 年 1 月的一天，当德·韩斯卡夫人打开上一年年底的《每日新闻》时，不禁大为震惊，广告栏里有一则刊着——

德·巴尔扎克先生已经收到您寄给他的信。直到今天，他借着本报的帮助，才得以表示一直以来的感激之情，同时他很遗憾，不知道该把回信寄往哪里。致"无名女士"德·巴·奥。

巴尔扎克竟然有意愿要回信给自己，这使德·韩斯卡夫人感到十分兴奋和快乐。同时她也意识到，事态已经超越了自己的掌控，由有趣变成了危险。如果与陌生男子通信这件事被她那个严肃、古板的丈夫知道，那是很危险的。她一方面担心被丈夫知道，一方面又无法抑制自己正式、认真地与巴尔扎克通信的欲望。

她明白这样的冒险行为不合她的身份，也有悖于她历来所受的教育。但是能收到这位大作家的亲笔回信，该是多么荣耀且具有诱惑力的事。于是她立即回复巴尔扎克，但是语气含蓄收敛了很多。她只告诉他，不久她将前往法国边界处旅行，在不冒任何危险的情况下，她愿意与他继续通信。于是，巴尔扎克一下子给德·韩斯卡夫人回了两封信。

一下子收到了两封回信的德·韩斯卡夫人惊喜万分。在信中可以看出巴尔扎克对那些激情奔放的字句非常认真，他坦诚地将德·韩斯卡夫人描述为"他心中最甜蜜的梦中情人"。

就这样,以"无名氏"为署名的信不断地寄到巴尔扎克的住处,渐渐地,巴尔扎克与无名氏的交流越来越紧密起来,当彼此的通信进入较严肃的阶段时,对方反而含蓄而压抑——"您的才华在我看来是高于一切的、神圣的"或"您用几句话甚至几个词就概括了我的整个生活状态。我崇拜您的才华,我尊敬您,希望我能做您的一个妹妹。"一会儿是衷心的赞赏,一会儿是猛烈的批评,一会儿又是恶作剧般的大杂烩,真叫巴尔扎克目眩神迷、神往不已。女性们热情如火的来信并不稀奇,但当时远自乌克兰来的爱慕信却会使人大为惊喜。在这之前,他只约略晓得自己的作品在国外激起了一些兴趣,却不知道连伟大的歌德都在讨论他的《驴皮记》。他推断这封信一定出自一位贵族女子之手,只有俄国贵族才能写出这么完美的法文。巴尔扎克又开始天南地北地狂想一番,她一定年轻、美丽,出身又高贵。

巴尔扎克要以自己的生命来写一篇爱的故事。在他所处的那段浪漫主义的时期里,巴黎甚至整个欧洲的读者不只期望作家们能写出叫人兴奋的情爱小说,同时,他们也期望这些作家本身就过着那样的生活。就像拜伦那样,他们的风流韵事所产生的效应不亚于他们在艺术领域的影响。巴尔扎克自然也对佳人与名望的双赢无法免俗。

巴尔扎克想加快小说的速度。他明白德·韩斯卡夫人认为艺术家应该是有清纯的心灵与虔诚的感情的，最好再加点拜伦式的忧郁。在后来的一些信中，他透露了自己对这位神秘女士的爱慕，他在信中写道："即使素未谋面，对你的爱却更深刻了。"

1833 年初，韩斯卡夫妇终于来到了法国边界。因为韩斯卡男爵对巴尔扎克的文学与社会成就十分尊敬，于是，巴尔扎克有机会与他们见了一面。韩斯卡男爵平时沉默寡言，而且性格有些乖僻，但他仍是有教养的人，对于能够结识巴尔扎克这样著名的作家，他感到三生有幸，并对巴尔扎克机智的谈吐十分倾倒。他真诚地邀请巴尔扎克能再来与他们会面。

虽然没有与德·韩斯卡夫人独处的机会，但能够见到梦中情人的真容，也令巴尔扎克狂喜不已。从那一刻起，他便倾其所有去赢取她的芳心。

光荣与困窘

负债累累的文豪

巴尔扎克回到巴黎，他下定决心要俘获德·韩斯卡夫人的芳心。可此时的他依然债务缠身。为了尽快摆脱窘境，他又找到了一个出版商——贝克夫人，她答应为巴尔扎克12册的《十九世纪风俗研究》预付2.7万法郎。这笔钱对巴尔扎克来说仅够缓解债务危机，他必须夜以继日地埋头工作，才能够走出经济困扰。

无疑，德·韩斯卡夫人成了他忘我工作的动力，为着这个动力，他不只要在量上尝试着超越从前，并且还更加注重艺术和道德方面。因为他知道德·韩斯卡夫人很不喜欢像《婚姻生理学》这种轻浮的作品，他还担心《谐趣集》这类作品又会破坏他纯洁、浪漫的情人形象，而《乡村医生》又太严肃，不适合大众读者的口味。此时他完成了《欧也妮·葛朗台》，这是他不朽的巨著之一，证明了他的艺术天才和凡人的性格。

大多数文艺界人士极力渲染自己的风流韵事，唯恐世人不知，而巴尔扎克却对德·韩斯卡夫人的事情守口如瓶，甚至10年之中，连他最亲密的朋友都不晓得有她的存在。

也许是为了多赚钱好尽快摆脱经济困境，也许是想向德·韩斯卡夫人证明自己是值得她托付的人，巴尔扎克在以后数月里的文学作品超越了从前所有的成就。但是，极度的疲惫让他意识到过度消耗精力和生命的恶果，他曾担心地说："我开始害怕了，恐怕自己在完成既定的伟大任务之前便已精疲力尽。"

担心过后，他却继续一本接一本地写作，而且都是上乘的作品。他在 40 天之内完成了《高老头》，此外，还有《绝对探求》《三十岁的女人》等。同时，他还在脑海中勾画出了《幽谷百合》的大要。这些还不是他的全部产品，他还在重排早期的小说，与其他人合写剧本，撰写了《十九世纪法国作家书信集》，并忠诚准时地寄出 500 页的信和日记给他的心上人。

巴尔扎克知道秘密通信不可能一直持续，为了保证能与德·韩斯卡夫人长期通信，他不得不改变策略以适应情况需要。再次写信给德·韩斯卡夫人的时候，信中的内容必须要保证是能够公开的、韩斯卡男爵也可以阅读的。

韩斯卡夫妇的意大利之旅在夏季里结束了，他们继续前往维也纳，打算在那儿过冬。等到来年春天，男爵一家便要回俄国。若想强化两人之间的密约，他一定非得再见她不可。于是他借口朋友们都劝他去看看阿斯本瓦加朗战场，以便给《战斗》这本小说作结尾，他因此决定上维也纳一趟。

冬天过去了，第二年的 4 月转眼来临，巴尔扎克却迟迟没有动身。虽然他已经完成了《高老头》和另外三本小说以及一系列的短篇故事，获得了前所未有的文学成就，并且收入了一笔可观的报酬。但他已经奢侈成性，辛辛苦苦换来的稿酬转眼间便落入了珠宝商、服饰商和装潢商老板的囊中。

在德·韩斯卡夫人再也想不出理由让丈夫留在维也纳之际，巴尔扎克终于带着他的一部作品于5月抵达维也纳。德·韩斯卡夫人自然无法想象，巴尔扎克此行的费用都是靠典当张罗到的。

生活上的困窘无法湮没巴尔扎克在文学上的才华，现在，连最刻薄的文学评论家也坦然承认他的确是个天才。只要有消息传出说巴尔扎克有新的小说要出版，立即就会引来大批的出版商。可是这位不朽的文学巨匠却太过执迷于他的贵族身价，尤其在德·韩斯卡夫人告知他，维也纳上下正焦急地盼望他来到。巴尔扎克心想，德·巴尔扎克先生可不能跟文学界的那些可怜的靠文字糊口的文佣相提并论。于是，他按照自己的审美和品位把自己装扮得十分尊贵华丽，还特意订购了一辆豪华的马车，画上巴尔扎克家族的徽记，又请了个穿制服的随从，整个阵势与公侯出游相比也毫不逊色。这些奢侈的行为共花了他1万5千法郎。

男爵家住在富丽堂皇的维也纳外交官官邸，他们替巴尔扎克在邻近的旅社订了房间。如今的巴尔扎克已经成了维也纳人的偶像，奥地利最显赫的贵族们都竞相邀请他去自己的府邸做客。很可惜巴尔扎克不能一一接受邀请，德·韩斯卡夫人需要他出现在她的社交圈里，她偶尔也介绍波兰贵族给他认识。此外，他没见任何作家或学者，只去看了一位有男爵头衔的东方学家，这位东方学家还送了一个东方护身符给他，在巴尔扎克后来的日子里，他一直十分迷信地保存着这个据说能给他带来好运的护身符。

在这异国的城市里，巴尔扎克完全享受到了文学成就带给自己的好处，那些赞许的话语竟都出自他平日最敬慕的人之口，这让巴尔扎克不免有些陶醉。

但现实总是不断地提醒他，自己还是无法纵情声色的，巴黎还有许多账目要等他结清。不久后，男爵一家打算离开维也纳，动身去意大利，继续他们的旅行。巴尔扎克则借此时机与他们告别，回到巴黎继续他的工作。

牢狱之灾

从维也纳回来后的巴尔扎克连连遭逢各种不幸。首先是家庭上的，他的姐姐病了，姐夫家在经济上也出现了问题。而且祸不单行，他们家里一向游手好闲的小弟亨利竟从印度带回来一个比自己大 15 岁的老婆，作为伟大而有力量的哥哥，巴尔扎克必须为这个不长进的弟弟找一份工作，同时，也是时候偿清母亲的旧债了。此时，巴尔扎克的初恋柏尔尼夫人也病得十分严重，她的家庭也连连遭遇不幸，在失去了一个儿子，女儿又精神错乱之后，她已经气若游丝，无法再给巴尔扎克任何协助或忠告了，更加没有气力为他阅读校样。

巴尔扎克长久以来已经形成了一种习惯，那就是要求出版商预付一定的报酬，他会在规定的时间里如期交稿。这种极具强迫性的工作安排方式是很危险的，很多朋友都劝他，不要再安排这种毫无保证的事情。但对巴尔扎克来说，文学信誉是自己目前唯一拥有的，而强迫出版商预先付钱给他，则是文学信誉赐予他的权力，使他有一种可以操控其他人的快感。他常把仅有书名而还没开始动工的小说出售，也许他正需要这种不得不在规定期限内交稿的鞭策，才能最大限度地发挥自己的文学潜能。

离开巴黎赴维也纳之前，巴尔扎克已经收取了所有的定金，还卖了用假名圣·沃班时写的旧小说的再版权，又把一本名为《一个新婚少妇的回忆》的新书的连载权卖给了一个杂志，而这本书还仍待赶写，而另一部书的出版商布洛兹又催讨《塞拉菲达》这部书的结局的续稿。

不幸的是，巴尔扎克在维也纳虚荣浮华的诱惑之下，虚掷了大量宝贵的光阴，导致出版商布洛兹不得不中断书的连载。更糟糕的是，巴尔扎克已经对《一个新婚少妇的回忆》这个故事失去了兴趣，连一行字都写不出来了。但维也纳之行也触发了巴尔扎克的灵感，使他萌生了构筑一部新小说的念头。于是，他向布洛兹提议，以一部名为《幽谷百合》的小说来取代之前承诺过的那本《一个新婚少妇的回忆》。为了证明《幽谷百合》的可行，他特意从维也纳寄来第一次的连载稿。

布洛兹同意了，《幽谷百合》的首次连载也已付印。但他认为自己因为巴尔扎克之前的毁约受到了损失，他有权利去挽回。当时圣彼得堡有一份叫《外国杂志》的刊物，专门刊登近期的法国文学作品，而且大多数是与巴黎出版界同时出刊，偶尔还先于巴黎出刊。于是布洛兹将《幽谷百合》的校样卖给了《外国杂志》，与巴尔扎克合作的《两世界杂志》与《巴黎周刊》中的作品可以在《外国杂志》上刊登。回到巴黎的巴尔扎克得知了这个消息，他怒不可遏地去找布洛兹讨说法。但是，《幽谷百合》第一次校稿已被布洛兹送走了，而且早被逐字逐段地印了出来。巴尔扎克向来把第一次排稿只当作是他的草稿，而这次却没人向他请示一句话，便将还需要经历五六次乃至七八次修改的稿件印了出来。在他收到一份《外国杂志》之后，他看到自己的新小说以粗制滥造的形式出现，并且带有许多技巧上的缺点和笨拙的文句，这些都是他不愿让读者们看到的。巴尔扎克的愤怒可想而知，当然，他的愤怒不单纯是因为金钱方面的问题，最重要的是他觉得自己的名望受到了影响，而他作为艺术家的纯洁也受到了污辱。巴尔扎克于是与布洛兹断交，并控告《两世界杂志》。

听到这个消息，巴尔扎克身边的朋友们都吓坏了。毕竟布洛兹控制着法国最有力的两份杂志，巴黎大部分的作家和新闻记者都直接或间接地仰仗于他。他可以调动各大出版界力量，要他们出面作有利的证供。而巴尔扎克在文学家和出版界中人缘极差，这几乎是公认的，如果真要因为此事对簿公堂，许多作家们将会借机不择手段在各大报纸杂志上取笑他。他一个人要面对来自各方的无形力量是不可能的，想要赢得这场官司几乎也是不可能的。就算能够胜诉，从现实来讲，巴尔扎克还是会受到损失的。

尽管朋友们好话说尽，巴尔扎克还是决意要打这场官司，所有关于艺术完整的事情，巴尔扎克绝不会妥协。维也纳之行增强了他的自信，使他了解他的伟大地位在自己国家被恶意和妒忌掩盖了，此时的他已经清楚地了解了自己的地位和力量，他要给狡猾的巴黎新闻界一次有力的反击。他拒绝了任何的调停，果断地向布洛兹和《两世界杂志》提起诉讼，布洛兹也反诉巴尔扎克拿了预付稿酬却没有履行契约。这场官司从法院闹到新闻界和文学界，在巴黎轰动一时，布洛兹果真动用了一切力量，在报章杂志上用最恶劣的话语来诋毁巴尔扎克，揭露他的私人生活，嘲笑他自封贵族头衔，泄露一些他早年那些出卖身份的作品，不仅如此，布洛兹还到处宣扬巴尔扎克总是喜欢跟人借债，对他的人品进行讥讽。在布洛兹的带动下，当时法国的很多知名作家都开始对巴尔扎克口诛笔伐，其中包括大仲马等人，只有雨果和乔治·桑拒绝盲目附和，没有加入到布洛兹导演的这场闹剧中去。

这场官司最终以巴尔扎克胜诉告终，法庭判决，作家若是无意或无力完成所许诺的作品，不得被强迫对出版者或编辑作补偿。同时，巴尔扎克要把他从布洛兹手中支取的稿费交还。案子宣判时，巴尔扎克赢得了精神上的胜利。官司虽然胜利了，可巴尔扎克却损失了一笔金钱和数周宝贵的时间。

不过这场官司也让巴尔扎克懂得了一个道理，那就是：要获得权力，人们才会留意你。想要在某一领域立足，仅靠独立是不够的，还要想办法让别人依靠你，只有让别人感到你会因为他们的弱点对他们构成威胁时，你才能成为他们的主人。

巴尔扎克想拥有对舆论的支配力量，他知道自己在读者心目中占有很重的分量，而当时的法国作家中，巴尔扎克拥有的读者数量是最多的，他觉得是时候组建一支自己的舆论机构了。此外，他的政治热诚仍未消失，巴尔扎克一心想要进入国会，成为名副其实、不会受人指摘的法国贵族。这样一来，办一份能帮助自己宣扬政见的杂志更成了当务之急。自1834年以来，巴黎便有一份名为《巴黎纪事报》的小刊物，这份刊物每星期出两次刊，不太为大众所熟知。巴尔扎克想，自己如果在这份刊物上定期投稿，将自己的作品刊登在上头，《巴黎纪事报》的公众认知度还怕上不去吗？

于是，巴尔扎克与人合伙买下了《巴黎纪事报》，自己握有绝大部分的股份，并负责提供资金使刊物继续发行。他请了两个年轻有为的编审，其中一位名叫德奥菲·高迪埃的还与巴尔扎克结下了深厚的友谊。

巴尔扎克于1836年正式成为《巴黎纪事报》的主编，《巴黎纪事报》刊登的政治、文学及论战性的文章大多出于巴尔扎克的手笔，此外，巴尔扎克还另外增添了他写的一些高品质的短篇小说。在这期间刊登的《无神论者做弥撒》是巴尔扎克在一夜之间写就的，此外还有《禁治产》《古物陈列室》《法西诺·加涅》《受辱的耶稣像》以及《埋没的殉教者》。为了增加报纸的销路，他不惜下血本做大规模的宣传。他花了几天时间在卡西尼街设宴招待文学界最有影响力的人士，为了这几场宴席，巴尔扎克挥金如土，而此时，法庭的监守官还一直在向巴尔扎克催讨已经欠了两季的房租。

可是巴尔扎克卖力地宣传似乎并不见效，《巴黎纪事报》的业绩平平，很多股权人都悄悄地把股份脱了手，巴尔扎克也早已不似当初的雄心万丈了。未到年终，《巴黎纪事报》便垮了，巴尔扎克非但没有收获舆论力量，还为自己增添了4万法郎的债务。

打官司失了钱财和精力，办报刊又背了一身债，巴尔扎克可真是祸事连连，不过这些不幸也只是个开端而已。

巴尔扎克有位旧相识名叫维德，他经历一番打拼后开始自立门户，于是说服巴尔扎克投效他，而巴尔扎克此前已经与贝克夫人签订了契约，要投效维德便要交出积欠贝克夫人的未写的书稿。但维德的资金不足，巴尔扎克只好自己出资出版新版的《谐趣集》，这样可以获得3500法郎。他东借西借，总算把书全部打印出来，只等装订，却没想到库房起了一场大火，3500法郎就这样随着这场大火烟消云散了。

走投无路的巴尔扎克只好带着自己所有值钱的家当，连夜搬到了一处秘密住所躲了起来。来访者必须通过一系列的暗语交流才能见到他本人。

也许是出于骄傲，也或许是恶作剧，巴尔扎克竟敢公然藐视国法。根据新近颁布的一项法令，人人必须服一段时间的兵役，巴尔扎克却拒绝承担这个义务。对他来讲时间实在是太宝贵了，像他这样伟大的文学家，如果放着大把大把的写作和印刷的时间不顾，跑去荷枪实弹地站岗放哨，简直是对他人生价值的亵渎和压制。

其实以巴尔扎克的名人身份和在文坛上的地位，只要他稍稍打点一下就可以免除这次兵役。可巴尔扎克却死硬地拒绝应招，一副他不服兵役是天经地义的架势。在经历了三次应招之后，国民警卫军纪律委员会便判了他8天的监禁。当警察来到他的寓所拘捕他时，发现巴尔扎克早已不见踪迹。

然而，巴尔扎克最终还是被捕了，他被迫坐在一间吵闹的下层阶级罪犯被关押的集体牢房里，夹杂在来自下层社会哭喊叫闹的人犯当中。他唯一能获得的特权便是一张桌子和一把椅子，以便在服刑期间能够专心修改校样。

狱中的巴尔扎克幽默、随和的天性一丝不减，从他给德·韩斯卡夫人的信中可以看出，他非但不觉坐牢是羞辱，反而还很高兴，政府对他的监禁替他挡住了烦扰不休的出版商。

在厄运不断的半年时间里，巴尔扎克勇敢地承受了命运接二连三的打击。偶尔，他也会发出疲惫和软弱的呻吟，"我真是在谋害我自己"，"我的头像疲惫的老马一样垂了下来"。在这段时间里，他的身体状况也亮起了红灯，他时常会有眩晕的感觉，医生劝他去乡下休息两三个月。他到了乡下，没有按医生的指示静心休养，而是又卖命地写了起来。只有将自身的苦涩经历转变为能够打动读者的情节，才能使自己得到救赎，而他在所身处的外在环境中承受的压力，也成了灵感迸发的源泉。

在他到乡村休养的那段时间里，贝克夫人获得法庭批准，限巴尔扎克在 24 天内交出《19 世纪风俗研究》的两册书。巴尔扎克承诺："我必须履行我最后的合约，在履行合约之外，我还要完成一流的作品。"

这两个目标他都完成了。8 天之内他便构思了一部名为《幻灭》的小说，并完成了小说的第一部。在这部小说里，他利用两个角色来表达他精神低潮时的幻灭与内心的理想：坚定地忠于自己和艺术的作家最终能有怎样的成就？屈服于快速、无价值的名誉诱惑的作家最终又会怎样？

他将后者的结局设定为：虽然成了当日文学泥沼里的无数成名者之一，但事实上，他却一天天地堕落下去。

这部书虽然是巴尔扎克为了避免违约的责罚而速成的，但却是巴尔扎克的主要力作之一，这仿佛是巴尔扎克努力鞭策自己去挖掘自己的灵魂。多年来在报章杂志界辛劳的结果，使得巴尔扎克对世间有了冷酷的认识，而满怀恶意的文学党派，给他带来的痛苦经历也令他记忆犹新。他在作品中揭露了文学界与戏剧界的堕落。虽然书中只表现当时巴黎社会一角，但却显示出那一时代的全貌，而这种全貌又可能呈现在任何时代。

巴尔扎克总在乌云密布时表现出真正的勇敢，在最慌乱的时候写出最有人性的作品。书中提醒人们不可焦躁、贪婪，要为了理想而坚定不移，要在不断地拒绝诱惑中获取更强大的力量。就像他自己一样。

庄园与银矿

1836 年是巴尔扎克生命中危机四伏的一年。他已经欠下 14 万法郎的债款，连饭钱都得向他的裁缝师傅和医生去赊借。巴尔扎克深不可测的自信，使他对于所谓命运的试练毫不在意。在极度困窘的情况下，他还花了 600 法郎买了个犀角制的手杖，来跟原来那根名满巴黎的"德·巴尔扎克先生的手杖"配对儿，不仅如此，他还买了把 190 法郎的金笔刀、110 法郎的钱包以及一条 120 法郎的项链。

巴尔扎克于 8 月份回到了巴黎。他住所的门上贴着法庭的通知，桌上也积满了账单。在成堆的信件里，他发现了一封信封上镶有黑边的信件。这封信是亚历山大·德·柏尔尼写来的，信中告知柏尔尼夫人已于 7 月过世。

巴尔扎克记得最后一次去探望他的初恋情人的时候，她就已经很虚弱了，生活中出现的变故使她再不能与他畅谈《幽谷百合》。巴尔扎克回想起，当她垂危时，自己却在追求别的女人，他感到强烈的羞愧和哀伤。以后的一两天里，他离开巴黎来到她的坟上，巴尔扎克觉得自己的青春随着柏尔尼夫人一同被掩埋了。

7年前，他负债10万法郎，写了30部小说，部部传遍欧洲，但他的债务非但没有减少，反倒翻了倍。他现在依然要受限于出版商和编辑们的意思，依然要低声下气地去借钱，依然在一想到法院的监守官时便要颤抖。

法院的监守官最后还是发现了巴尔扎克的藏身之地。于是巴尔扎克不得不躲到普罗斯街的一家小旅店里去，可是仍然不安全。这时，巴尔扎克熟识的一位朋友——维斯康提伯爵夫人向他伸出了援手，让他帮忙经理她丈夫的事务。1837年2月，巴尔扎克越过阿尔卑斯山，独自前往意大利。

巴尔扎克有万般理由去悲苦，但当一幕幕欧洲的胜景从他眼前掠过，他的愁思便烟消云散了。在到达米兰的旅馆时，他已经完全变了一个人了。当地的报纸对这位大作家的抵达大做文章，惹得王侯亲贵们争相对他发出邀请，米兰最著名的雕塑家曾请求为他塑像。巴尔扎克将这尊雕像献给了曾经帮助过他的维斯康提伯爵夫人。

与热情的米兰相比，意大利作家对巴尔扎克的反应就冷淡多了，他们觉得民众对这个远道而来的客人未免照顾过头了。巴尔扎克全心应付着那些豪门贵族，根本没有多余的时间去和当地作家去接触。有一次机会，他得以与意大利著名的小说家和诗人曼佐尼会面，但他们的谈话也没有任何结果，巴尔扎克从未读过曼佐尼的作品，因此只能围绕他自己夸夸其谈。

巴尔扎克此行也算是不辱使命，他成功地解决了维斯康提伯爵遗产方面的问题。此外，他还特别前往威尼斯，并以此为背景创作了《法西诺·加涅》一书。

游罢威尼斯再返回米兰时，米兰民众当初对他的热情盛况却没再出现。他口无遮拦地畅谈自己的债务和写作为他带来的钱财，又对曼佐尼等文学家表示轻蔑，激起了米兰人的反感。并不十分欢愉的米兰之行结束后，巴尔扎克没有直接回巴黎，却继续前往佛罗伦萨等地游玩。

自巴尔扎克开始从事写作以来，这还是他首次在几乎两个月的时间里没有写半个字，也没修改一张校样，但他却在这段时期里真正地生活过、享受过，也确实学到了很多东西。

回到巴黎，成堆的账单等待清算，马车和一些财物已经被扣，还有两本书待写。焦头烂额之际，巴尔扎克的出版商维德又宣布破产，他所签发的支票也因此被退票。巴尔扎克的债权人请准了逮捕令，要把他送进监狱里去。为躲避拘捕，巴尔扎克不得不在三个住所之间躲躲藏藏。此时他唯一的要求就是能有两个完全隐秘的房间，有充足的面包和水，如果再有一份色拉、一盘羊肉、一个书桌和一张床，那就更完美了。

危难关头，维斯康提夫人又一次成了他的救星。她把巴尔扎克带回自己在香榭丽舍大道的住所。在那里，巴尔扎克积极地清理稿债，在两个月之内完成了《纽沁根银行》和《弃妇》，给《谐趣集》再添了最后几则故事，并完成了短篇故事《冈巴拉》的故事构架。

伯爵夫人带巴尔扎克回到住所的这一举止十分不妥，最终引来了告密者。有一天，警察找到了伯爵夫人家来，他们要巴尔扎克或者结清旧欠，或者去坐牢。伯爵夫人尽管并不富有，但仍然慷慨地替他偿还了所有的债款。

巴尔扎克离开了伯爵夫人的住处，他接受了马尔贡一家人的邀请，在马尔贡家，他不仅省下了吃住的花销，还写了另一部巨著《赛查·皮罗多盛衰记》。故事叙述一个中产阶级人士，因为头脑单纯，轻易信人而陷入了投机事业里，最终负债累累，结局凄惨。书中关于借钱时的绝望、朋友的不可信赖、债主催命的逼讨、律师的狡猾与法律的不公与漏洞等，使得小小的破产变成了一个大悲剧。巴尔扎克再度将自己精神上的困扰升华为了艺术创作。

秋天，巴尔扎克返回巴黎，身心都已经恢复如常。

1837 年的夏天对巴尔扎克来讲真是从未有过的明媚。维斯康提伯爵夫人刚为他解决了燃眉的债务，他的《赛查·皮罗多盛衰记》光是连载权就给他赚来了两万法郎现金，是他自从进行文学创作以来稿酬最高的一部作品。在他所处的那个年代，两万法郎可是笔大数目了。巴尔扎克有着超乎常人的工作能力，又有取之不竭的素材，一年下来本可以轻松地赚个十来万。

如果一切照常发展的话，巴尔扎克不仅可以过着舒适的生活，还可以不时地奢侈一下，有两年的时间，债务也差不多可以还清了。更何况他已经在整个欧洲树立了稳固的金字招牌，若踏实本分地去干，一切困窘和纷乱都会过去。但巴尔扎克这种人，好像过不惯平淡舒适的生活似的，好大喜功的他又开始琢磨起馊主意来。

其实巴尔扎克很多愚蠢行为的最初想法是非常合理的，他的推测都经仔细的观察、精确的计算得出结果。但他做事太缺乏耐心，为了展示自己的眼光和才华，他总是想一开始就来个惊人的大手笔，为了尽快地博得满堂彩，他不肯深思熟虑。因为急于求成，他不顾事情是否合理、是否适度均衡，因而常常坏事。

他的第一个计划,便是要有个舒适的家。他所谓的"家"，可不是普通的寓所，而是要像伏尔泰的"欢乐别墅"，像卢梭的樱桃山庄那样。他发现自己逐渐成了别人关注的焦点，他感到自己的行动受到了前所未有的限制，并且已经危害到他艺术创作所需要的专注。

在去凡尔赛的几次旅途中，沿途的山谷和村镇的美丽风光深深地印在他的脑海里。此刻的他多么想再次感受山谷的清新、浓荫、芳香和葱绿。如果他能摆脱繁杂的工作，在这里他可以盖上一座小屋，不必太奢华，一所不必花费太多、像手套一样合他心愿的小屋，一所他可以一劳永逸地躲避交房租的忧愁而安心地置于其中写作的房屋。

于是，1837年9月，巴尔扎克和一对儿夫妇签下合约，之后，他拥有了一片约9000平方尺的土地，此外还附带一栋小屋及一间边房。所有一切的总价钱是4500法郎。巴尔扎克的这项交易做得还是很谨慎的。他每年可收入5到8万法郎，这区区4500法郎还是可以负担得起的。

但是，他不知从哪儿听来的消息，说他小屋下面要修筑一个小火车站，一条到凡尔赛的铁路要经过他赛佛勒的产业。巴尔扎克估计不久他周围的田野要涨价，他的直觉是正确的。现在要做的事情显然是立即买下周围的土地，但是他那急躁的天性又使他失去分寸。农夫和地主们很快就发现，巴尔扎克只要能买到土地，价格他不在乎。

小别墅的梦想早就被他抛诸脑后了，他只看到果园、农场与大公园的远景。只不过几星期的时间，他就花去了1.8万法郎，成了当地的一位大地主。巴尔扎克虽然买下很多土地，但他既不请专家来勘察，也不自己去视察。仍旧背负一身债务的巴尔扎克正陶醉在身为地主的快乐里。他觉得有了这些土地，便再没有什么好愁的了。他可以在温室里种植菠萝蜜，在法兰西，菠萝蜜都是从远方运来的，从未有人想过在温室中培植。巴尔扎克预计可赚取10万法郎，或者是三四倍新屋的价钱。他已经说动了维斯康提伯爵一家与他合伙。他建新屋的同时，伯爵一家也在附近整修他们的居所。

巴尔扎克迫切地要入住新屋，几乎一刻也不能等待。他雇佣了大批的施工人员，泥水匠、细工木匠、油漆匠、园丁、锁匠全都在他的房屋附近忙碌起来。他们迅速地立起了一道墙来掘土建屋，并铺上碎石小道，门前屋后种下了百十棵果树，而且还立起了大棚的格子架，供日后种植蔬果之用。每星期他都上山来鞭策工人加紧工作。无论如何，第二年春天到来之前，一切都得完工，如果他能操控，一定会强迫果树在春天里就结出果实呢！

冬天来了，屋墙越砌越高，《赛查·皮罗多盛衰记》的稿费也见底了。出版商都已经榨干，再挤不出一文钱来，而多增加的 10 万法郎债务也不是通过日常的俭省和一两部作品便可解决的。如果巴尔扎克不能一举致富，便再无出路了。此时，巴尔扎克又失踪了，只留下一句话："我会自由的，再不会有忧愁，也不会有物质的牵挂，我就要发财了。"

他想发横财的故事要是写在小说里，读者还会嫌布局太拙劣不肯相信呢！ 1836 年他写了一个杰出的短篇《法西诺·加涅》，其中就是讲他不相信宝藏之事，也不愿去寻宝。结果不到一年，他居然就要去挖宝了。

1837 年 4 月，他去意大利旅行时因为染上传染病曾被隔离在意大利西北部的港口城市热那亚的一家医院里。在那儿他认识了一个叫裴西的商人。裴西偶尔提到撒丁岛上有一座古罗马人遗留下来的银矿，虽然已经废弃，但仍可用新的熔炼方式提炼出银来。说者无心，听者有意，巴尔扎克仿佛已经看到白花花的银子一颗颗地在他眼前堆积起来。他立即怂恿裴西将遗下的矿石即刻送给专家作检验，并建议两人合伙开采。裴西也觉得有利可图，便欣然应允。

巴尔扎克又开始了不着边际的幻想，撒丁岛银矿成了窘迫绝境之时向他驶来的诺亚方舟，有了这座银矿，他不仅可以结清所有的债务，还能换取他未来人生的自由。他一面结束《赛查·皮罗多盛衰记》，一面等着裴西将矿石样品送来检验。

然而裴西却自此音信全无。巴尔扎克感到了隐隐的不安，他担心裴西一定在独享他的银矿，他真后悔让裴西一个人去处理银矿的事情。他一定要赶到现场去瞧瞧。他立即向母亲、纳克尔医生和裁缝借了数百法郎的盘缠，于1838年3月中旬动身前往撒丁岛。

这真是巴尔扎克做的最蠢的一件事。一个作家，一辈子没见过矿场，只凭商人的一句话，就认定那些旧矿坑是有利可图的。一个有经验的开矿工程师尚且需时数月以建立数据、了解事实，巴尔扎克却只凭直觉。

后知后觉的他匆匆赶到了马赛，但到了那里才发现，当地并没有驶往撒丁岛的船，他必须绕道科西嘉岛再找渡船。在风浪颠簸中，他抵达了科西嘉岛的阿雅克肖，却因为马赛发生了霍乱而被隔离了5天。隔离过后他又到处寻找船家渡海去撒丁岛。到了4月份，巴尔扎克总算坐上了一条采珊瑚的小船，一路上除了现从海里抓上来的鱼外，再无其他粮食可充饥。经历了一个月的艰难旅程，巴尔扎克终于登上了撒丁岛海岸。

巴尔扎克迫不及待地要去看他的银矿，虽然银矿就坐落在不到 20 里开外的地方，可是这座岛上没有道路，没有马车，更无旅店可投宿，岛上的居民也荒蛮未开化。巴尔扎克虽多年没有骑过马了，但这次也只能委屈他肥胖的身躯了。

在马上颠簸了一路，终于到了矿坑所在的奴拉，可惜他来迟了。这一个月来巴尔扎克心中口中不停咒骂的裴西，在与巴尔扎克萍水相逢过后，真的不辱使命，活动了所有的关系，并最终拿到了矿山开采权。巴尔扎克的旅行已经变得没有意义了。

巴尔扎克现在唯一的欲望就是用尽可能快的速度立刻回到让他又爱又恨的巴黎。但是他所剩无几的盘缠已经不够付路费了，他只好先到了米兰，向维斯康提伯爵借了路费，之后，这个一事无成的破产家垂头丧气地回到了巴黎。

撒丁岛的探险之后，巴尔扎克将全部希望都给予新屋落成。可是到现在还没有一样就绪的。地上光秃秃一片，屋顶也还没开始加盖。他心急地催促着，并且在屋顶还没盖好便心急如焚地搬了进去，对于医生叮嘱的新房子要干透了才能入住的话全然不顾。家具还没搬来，房子四周终日敲敲打打的嘈杂声不停，小路上满是碎石、泥土以及沥青。可是巴尔扎克坐拥着自己的产业，却兴奋异常，他满意地写道——

我的房子坐落在半山坡上，山岭南边便是皇家花园。我只要花费 10 个苏，利用 10 分钟的时间，便可到达巴黎的心脏地带马德连。

……我要一直留在这里，直到这里的一切都化作无尽的财富。我渐渐觉得这里的一切都让我如此喜欢，我相信有一天，我会安居于此，平静地生活着，颐养天年。

而巴尔扎克的亲友和访客们对这里却另有看法，与巴尔扎克的描述迥然不同。在他们看来，这里像只空鸟笼，提起它时，都忍不住要笑。偏偏巴尔扎克兴头颇高，每天想出一些新主意，指挥工人拆东补西，没完没了，但他的账单却一分没付。

虽然巴尔扎克在文学方面极富天赋，但他的固执、自以为是和急功近利的性格，是促使他在其他领域都一事无成的重要原因。因为在买下这片土地之前，他一直抱着侥幸的心理，没请专家前来勘测土地，不幸的是他这块地竟是由松滑的沙质土壤构成的。一天清晨，巴尔扎克被一声惊雷震醒，他赶紧奔到窗前去看个究竟。只见天空万里无云，怎么会打雷呢？原来吵醒他的并不是雷声，而是他那堵昂贵的划分土地边界的围墙倒塌了。

巴尔扎克土地四周的围墙是必不可少的。它们不仅象征了他与世隔绝的贵族领主身份，更是他拥有产业多寡的确证。

他急忙召集工人来抢修，在众人的齐力奋战下，新的围墙拔地而起。可是没过几天，在连夜的大雨冲刷下，新建不久的围墙又倒塌了，而且土石奔涌到了邻人的田里，巴尔扎克差点因此惹来诉讼。拥有土地者便难以避免战争，这成了他的小说《农民》的主旨。更不幸的是，巴尔扎克又成了全巴黎的笑柄。

巴尔扎克不再像最初那样邀请客人来参观了，他变得更加隐逸，不愿见人。但是法院和其他法律代表们却总是不辞爬山之苦，不请自来。为了避免值钱的家具被他们搬走。只要一发现情况有异，巴尔扎克便把家具、宝物全都搬到维斯康提伯爵夫人家里去，等风平浪静之后，再把他的家当归位。

这种招数没使几次，便有人向无辜的维斯康提伯爵夫人提出控诉，控告她藏匿、搬移巴尔扎克的财物，共谋造成债权人的损失，要她负责赔偿。

巴尔扎克的地主梦就这样残酷地结束了。他为山坡上的那间简陋的小别墅花去了 10 万法郎，这个数目完全可以换来巴黎香榭丽舍大道的一栋精美的宅子。维斯康提伯爵夫人也终于承受不住巴尔扎克长时期的经济困窘局面，她与巴尔扎克的关系也就此画上了句号。事已至此，可巴尔扎克还是不忍就此放弃当地主的美梦,他企图假意把他的地产拍卖 1.5 万法郎，希望能够扳回这一局，但最后这个计策也破产了。他不得不开始寻找新的避难所，他又选择了帕西街的一间寓所。这间寓所也是唯一还存在的巴尔扎克许多住宅中对外开放的一处，一直作为"巴尔扎克故居"而存在至今。

接触戏剧

巴尔扎克 40 岁时境遇并未转好，当时的情形可以用一句话来形容："一切都变得越来越糟了，不管是我的工作还是我的债务。"他既卖力又无结果地辛勤工作了 3 年，后来连他自己都不得不承认，他每年达六位数字的债务即使有 5 部小说也不足以抵消。他不能用以往的方式去赚钱了，他幻想出现奇迹，等待天空掉下金币。后来，他又转向另一个能快速致富的方式，想从中获取暴利，那就是戏院。

很明显，强迫自己去给戏院写作，这是违反巴尔扎克自己意志的。他清楚地知道他的使命是完成《人间喜剧》。他的才华永远无法由戏剧形式获得完全的表达。他的小说的特征，着重在角色渐进的内在转变与角色和周遭的关系，这不是靠戏剧性的场景来表现的。有限的舞台场面使他的人物显得不大自然，因为舞台上没办法表现出他文学作品中的那些微妙细致或细不可察的变化。但他管不了这许多，他要改变困境，他要进军戏院，他要跟条件最优厚的戏院经理订合约。他还要找个年轻而价廉的"枪手"把剧情告诉他，然后由他去写。每出戏花不了三四天的时间，这样，一年之中就可轻轻松松地写出二十几部剧本来，同时还有闲暇时间去完成他的《人间喜剧》。

巴尔扎克不知是从街上还是从咖啡馆里找来了一位名叫查理的枪手，他是一个不折不扣的嬉皮，从未与戏院有过关联。巴尔扎克也不问他的能力如何，就把这位还没搞清楚状况的枪手拉来家里和他住在一起。这位新住客长着一张总是挂着百感交集表情的面孔，一个硕大的鼻子悬在脸上甚是醒目，一头浓密的头发披在肩头，凸显出几分浪漫、忧郁的神色。

巴尔扎克通常都在 5 点时吃晚餐。面对满桌的菜肴，这位表情忧郁的客人便总是忍不住多喝几杯，之后便仗着酒意向主人献计了。不料，时钟刚刚敲了 6 下，巴尔扎克就命令他上床睡觉。

可怜的查理在认识巴尔扎克之前，从未在 6 点上过床，可是寄人篱下的他却不敢违抗，只好乖乖地回到卧房，毕竟趁着酒酣之际倒头就睡也算得上是一份享受。可谁知午夜刚过，正是睡得最香甜的时候，查理却被用力地摇醒了，他没好气地坐了起来，却看见巴尔扎克穿着白袍，像幽灵似的站在床边。原来工作的时间到了，他必须立刻起身，配合这位大文豪写作！

可怜的查理哪里受得了这样黑白颠倒的生活，他叹息着，强行让自己清醒，聆听着巴尔扎克对剧本的讲解。然后巴尔扎克让他上床再睡。白天，巴尔扎克写自己的小说，查理就起草第一幕场景，晚上，则把写好的东西交出来，两人共同修改。

午夜再临时，查理真是不胜战栗惶恐。因为每晚的这个时刻都会被摇醒，所以他睡得很不安稳，于是白天便会开始犯困，这样的恶性循环使他更写不出合格的东西交差。到了晚上讨论时，他的作品果真被退回。此后的每一天，查理都是从 6 点钟睁着眼躺到午夜，面对即将到来的午夜讨论他无比的恐惧。这样又过了一段时间，查理实在受不了了。一天晚上，巴尔扎克去叫他起床时，发现人不见了。桌上留了封信——

　　　　我不得不辞去您好意委托我的工作，虽然能得到您如此的厚爱，但我不得不放弃。我再也想不出任何值得写的东西。我不敢亲自告诉您，但是继续吃您的面包，我又受之有愧。

　　事出突然，巴尔扎克来不及另找别人，为了拿到新生戏院答应的 6000 法郎定金，只得自己动手了。为了使契约能够尽快签订，他雇了 20 多个排字工人把第一幕排印出来，交出了完成的稿件。但是随即他发现，在戏院经理面前，他的小说家的名气好似并不管用，这些经理只关心戏院的上座率。

　　这在其他人，一定会觉得受了羞辱，但巴尔扎克才不在乎，他惯性地认为，戏剧就同他的小说一样，首次的失败即保证以后的成功。其实只要想想巴尔扎克只是把小说类型的会话加以戏剧化就以为那是剧本，这种无可救药的想法可以使我们想象到他的新剧本不会有进步的希望。但是他的新契约的确是更有利的。此时圣马丁戏剧院的经理哈雷尔连稿子都还没看，就同意接受排演他的剧本。他便建议改编自己的《伏脱冷》。哈雷尔心动了，他采纳了他的建议，决定不必先看剧本便可排演。这得归功于《高老头》和《幻灭》，伏脱冷才成了家喻户晓的人物。他若上台，势必造成轰动。

这回，巴尔扎克更加卖力。他要亲自监督每一场排演，可是他却忘了写剧本。经理已经说明了故事大要，各演员对自己的角色也都有了指示，万事皆备，只差剧本了。巴尔扎克拍拍胸脯，向大家宣布，剧本保证能在 24 小时内写好，明天就可以排演。

德奥菲·高迪埃记下了巴尔扎克是如何在 24 小时之内写完一出五幕剧的剧本。他召集了四五个朋友开了一个紧急会议。高迪埃最后才到，穿着白袍的巴尔扎克立即笑着迎上来："啊，你来了，德奥菲！你这个懒虫，总是迟到。现在动作快点！你一小时以前就该坐在这里了。明儿早上，我得读一出五幕剧给哈雷尔听。"

巴尔扎克这次的剧本糟透了，在法兰西数百年的舞台上都难以找到像《伏脱冷》一样粗糙的剧本，然而剧院却在广告宣传上预告它是一部杰作。前三幕里观众的反应平平，可到了第四幕却起了风暴，伏脱冷以墨西哥将军的姿态出现时，所选用的假发形式与法国国王路易·菲力普所喜爱的发型很像，观众中一些保皇党便开始吹起口哨带头起哄，观看演出的法国王子起身离席。整个戏院陷入了一片混乱。

次日，国王便下令禁止该戏演出。为防巴尔扎克抗议，艺术部私下给他5000法郎当作补偿，但巴尔扎克骄傲地拒绝了。他还不死心，再试了四出剧本，前三出亦未逃过失败的命运，最后一出《骗徒》虽可稍见他的才华，却在他过世后才上演。

戏院风波又在巴黎上上下下掀起了轩然大波，报纸添枝加叶地嘲笑巴尔扎克，尽管评论家、记者和普通民众都抨击和嘲讽他的失败，巴尔扎克却依旧我行我素，孜孜不倦地进行《人间喜剧》的写作。在工人四处敲打的恶劣环境下，他仍然完成了《幻灭》的第二部，并继续写《烟花女荣枯记》《古物陈列室》。他还写了两本绝好的小说：一部是名为《一桩神秘案件》的政治小说，还有一部《搅水女人》则是写实小说。此外还有很多广为传诵的小说在这一时期完成，他还出版了12篇散文，完成了《乡村教士》的大要等。

就在这样负债累累、麻烦不断的几年中，他的文学作品无论在质和量上，都足以媲美其他作家毕生的成就。生活上外在的混乱，一点穿不透他清醒的创作之梦。这个时期的作品，有许多都超越了往昔，文体更简练，用字也更精洁。他受的困苦越多，教训越大，他的作品也就越写实。他与日俱增的敏锐和怀疑的洞察力，使他直穿透到社会组织的核心，使他带有一种先知性的了解构成社会的互相交织的成分。

虽然这个时期他的文学成就是巨大的，但是他那富有弹性的力量远没有告竭。在巴黎，有少数作家为了保护自己的职业权益，终于联合起来，组织了一个小而无力的组织——作家协会，巴尔扎克是第一个了解到，作家倘能真正团结，并明白自己的使命，便能代表社会上的一股力量。他深切地关心文学界的荣誉与地位，他草拟的《作家协会文学章程》在文学界是具历史意义的文件，甚至可以与法国的《人权宣言》和美国的《独立宣言》等量齐观。他在法国北部城市鲁昂发表演说，不断地设法组织作家联合行动，但因为组织的力量太小，而反对和干扰的力量太大，巴尔扎克只好抱憾退出。

他一直不放弃要向国人声言自己在文学、社会以及政治方面的思想，他觉得自己需要代言者。于是，他又办了份名叫《巴黎评论》的刊物。他总揽一切事务，一个人做几个人的工作，3个月下来，他写的东西可以抵得上三四本书。但是，巴黎和外界对他这些作品毫不感兴趣，无奈之下他只好选择再次退出报业，重新做回老本行。

不过他的努力并非全无成果，《巴黎评论》即使在这短暂的时间里什么也没刊登，光凭巴尔扎克对司汤达《巴马修道院》的评述就使这部作品足以在文学史上立足了。因为巴尔扎克对文学有着独到的艺术见解，而他本人又有着开阔的胸襟，因此才会对一位默默无闻的作家和他不为人知的作品这般关注，并热烈赞扬。巴尔扎克当时已名震欧洲，司汤达却还只是无名小辈，甚至在他的讣文上也只提到了"司汤达，真名贝尔"而已。他的《论爱情》一共只卖出22本，而《红与黑》在他有生之年也未能出第二版。但是，巴尔扎克却能领先时代数十年，从司汤达早期作品中便看到他独特的智慧与对心理方面恰到好处的把握。他把握每一个机会向这位与他一样纯为艺术而写作的文友表示崇敬。

在《人间喜剧》中，巴尔扎克提到司汤达率先描述了爱情的具体过程和他有关意大利的旅游书籍。他对内在行为的解析精辟，并能认知司汤达对意大利精神的深邃了解，这是历代批评家望尘莫及的。可惜的是，他这样赏识司汤达，却不能在当时引发共鸣。

也许一切都是徒劳无功的。巴尔扎克那顽强不息的脑袋已经生产了100部作品，创造了大约2000个人物，其中很多是不朽的经典。整个世界都已从他的脑中被构思出来，但是他又从这个世界中得到了什么呢？他想到移居巴西，也许那里会有奇迹来解救他。

1842年1月的一个清晨，他收到了仆人送来的许多封信。其中有一封信的笔迹他极为熟悉。他迫不及待地撕开了信，得知了德·韩斯卡男爵去世的消息。这位他发誓要永远敬爱的心上人如今已经成了寡妇，巴尔扎克那个几乎快要放弃的梦想如今马上就要实现了！这真是一个好的开始，巴尔扎克又开始沉浸在美好的梦想里无法自拔，而这一次，是他最后一次的幻想了。

小说家的时代

巨著的诞生

43 岁的巴尔扎克知道，能够重新赢得德·韩斯卡夫人的青睐是唯一能令自己宁静地完成自己伟大事业的动力。他押上了全部赌注，决定孤注一掷。可是要想配得上德·韩斯卡夫人，单凭他中产阶级的身份怎么行，甚至文学声望也无法弥补他出身方面的遗憾。他希望自己可以选入立法院，获得政治影响力，这样一来国王便会承认他自封的贵族称号，或者赐予他法国学会会员的头衔，这样除了身份提高了，每年还可以支领 2000 法郎的薪水，如果能任职字典编著委员会的会员，每年可支领 6000 法郎的薪水。这样他便勉强可以与心上人门当户对了吧！

可是他长期以来负债累累，哪有资本去获得立法院的一席之地？在竞选学会的会员时，他又失败了，他的要求很快便被批驳回来，因为别人可以轻易找到一个借口把他排挤出去。就这样，他的美梦都变为泡影。

受尽挫败后，巴尔扎克又想到了戏院，他想利用它来解决燃眉之急。他匆匆地写了两部剧本，其中《帕梅拉·吉罗》

五分之四的内容是他找来的两个枪手补缀起来的。另一出戏剧也同时在奥德昂戏院演出。巴尔扎克这次卷土重来，看起来势在必得。

但不幸的是，巴尔扎克又把工夫下错了地方。他的剧本第五幕还未写好，就开始排演了，招致女主角不满，退出该剧。而巴尔扎克最关心的就是他的首次公演能在巴黎造成空前绝后的美妙的效果。他计划在第一夜，巴黎的一切贵族和名人都得出席，绝对不允许有恶意捣蛋者破坏这美妙的夜晚。因此，他同戏剧的经理协商，第一次公演的戏票除了他亲自派发的之外不能卖给其他观客，他把他更多的修正剧本的时间都花在处理包厢戏票的犹豫迟疑当中。

巴尔扎克这次的行动是大规模推进的，宣传场面浩大。各国的使节和内阁名大臣、授勋章的骑士、政界名流、经济大亨以及中产阶级的豪富之家都将齐集于此。经过艺术家们的渲染，更将这一晚的盛会描绘得百年难得一见。

巴尔扎克起初的预计没错，有关这桩盛事的传言早已轰动巴黎。票房门口挤得水泄不通，人们愿出高价买票。可是，巴尔扎克总是把弓拉得太满。他非但没有接受高于普通戏票两三倍的价钱，反而故意吊大众的胃口，放出消息说戏票已经售罄，让人们转买以后场次的戏票。

1842 年 3 月的一天晚上，演出如期举办，戏院各门大开，准备迎接嘉宾。可是大部分的席位都是空的，导致很多已经坐在那里的人也好生不自在。戏院经理不得已，只得在最后一分钟里，免费沿街赠送戏票给想要看演出的人，但是已经太迟了，这场轰轰烈烈的宣传最后只能惨败收场。首演尚且如此，此后的几场公演，也只有那些想来吵闹的观众才来看。剧院中充斥着叫声、嘘声和口哨声，台上的演出也无关紧要了。因为台下才真正好戏连场呢，有的还即兴合唱了起来："这就是巴尔扎克先生干的事情啊！"而巴尔扎克自己则向德·韩斯卡夫人抱怨，戏若演砸了，他就又得再写四本小说了。

这次戏院的失利却赐予巴尔扎克更多的灵感和启发，从1841至1843年间，他写出的小说有好些都是他有史以来最有力的佳品，而他的文学创作也在这一时期达到了巅峰，此时的他逐渐摒弃了他早期小说里那些时髦社会所喜爱的口味。刺激他创作天才的不再是大人物虚华、窄小的野心，或是小气的王公贵妇们的大野心，而是平凡人的七情六欲。生活的挫败和绝望越使巴尔扎克痛苦，也就越让他接近生活的真谛，他的观察对象越是广阔，观察的焦点也就越是正确。

巴尔扎克虽然常让债主逼得走投无路，却小心地保留发行自己著作专集的权利，不论境况多么困窘，他都一直保留这一项最后的资源，从来只肯答允出售有限的版权。他要等待一个最成熟的时机，然后才向世人展示他不朽巨著壮丽辉煌的广度和深度。即使在其他方面再奢侈无度和欠考虑，他却总不肯轻易让自己最有价值的资源离手。

他才刚表示要结集出书，好多家出版社便纷纷表示愿意与他合作。1842年4月，巴尔扎克签订了合约，授权了三家出版公司出版。合约中载明第一版出 3000 本。

巴尔扎克收了 1 万 5 千法郎定金，等售出 4 万册之后，他便有了一份终生收入，并且还会与年俱增。合约上唯一的限制条款是，一张对开校样的修改若超过 5 法郎，他便得自掏腰包。但这一限制条款也未能动摇他不断地修琢自己的文笔的习惯，他为多出的修改付出的费用竟高达 5224 法郎。出版商不喜欢"全集"这个名称，要他另想一个名字，以便强调这套书的一贯完整，表达书中再塑的角色与社会缩影的深度和广度。

巴尔扎克写小说之初，便已定下完整的纲要，要表现整个人类社会，其中每本书皆代表着这个巨构中的一个阶段。现在的问题，是找一个合适的书名，来表达这套巨著的包罗万象。他刚好有个朋友方从意大利回来，他在那里修习意大利文学，读到但丁《神曲》的原文。这使巴尔扎克想到，一个带有世界性的喜剧可以把他的那些小说联系起来，并和但丁《神曲》的神圣的喜剧互相辉映，用社会的结构去对照神学的结构，还有什么比《人间喜剧》更好的书名呢？

听了巴尔扎克的想法，出版商也和巴尔扎克一样满意，不过他们要他再写一篇简介，向大众说明所以选择这个书名的缘由。巴尔扎克对这个序言非常排斥。因为他还有更为重要的事情要做。巴尔扎克费了比创作一本小说还长的时间为《人间喜剧》写下了洋洋洒洒 16 页的序言。他说自然界中的各种生物都依周遭环境而繁衍生息，人类也是如此，因社会环境影响而发展、定型。如想写一部"人类心灵史",描述三四千个角色,每一层社会阶层,这阶层中每一个形式、每一个人物和故事都应有感情,艺术家必须努力去把握这些,把他们有机联系起来,并构成一段完整的历史,使"每一章都是一部小说,每一部小说都代表一个时代"。

对于变化无穷的人性世界,艺术家应该去观察和把握。在这方面,巴尔扎克提出了自己的理论——

> 小说家有着最大的机遇。只需研究,就有创造。真正的历史学家是法兰西的社会,我不过是指挥这个历史学家的一杆笔罢了。在记录社会的善恶、选择社会的重大事件、把许多同类的人物提炼铸成典型的过程之中,一部历史学家所忘记动笔的道德的历史居然被我记下了。
>
> ……我应该很有理由给我的作品命名为《人间喜剧》。这个名字是否狂妄和荒谬?是否名实相符?等全部作品完成时,各位自会决定。

最后,他总结道,这样一部波澜壮阔的作品,包含的不只是社会历史和对它的评论,同时也是对它的邪恶的分析与它的动因的阐释。

《人间喜剧》经历住了时代的考验,世人可以定论这个名称一点也不狂妄,这部作品完全称得起这个名字,尽管所有有关巴尔扎克的作品都已经残缺不全了。

　　不幸的是，正当巴尔扎克为他计划的整体的作品而继续写作时，死神却剥夺了他继续完成这部伟大作品的机会。最终的《人间喜剧》只包含了大约 2000 个角色，虽然这远远不足巴尔扎克预期的数目，但也是极为可观的，我们今日读来仍不胜感叹。

　　也许世间之事都无法完美无缺。如果巴尔扎克能等到《人间喜剧》全部完结的那一天，他一定可以毫无负担地休息，享受生活、享受爱情了。这是这位伟大作家的遗憾，也是这个世界的遗憾。

构筑梦想家园

　　自从得知德·韩斯卡夫人守寡后，巴尔扎克一心等待她守丧期满，以为过了丧期，韩斯卡夫人便会履行与他之前的盟约。可是时间一天天过去了，也不见韩斯卡夫人邀请他去圣彼得堡同她会合。

　　其实，韩斯卡夫人也有自己的苦衷，因为此时的巴尔扎克名气实在太大，如果在这时期来拜访她，一定会惹来很多闲言闲语。所以，就算韩斯卡夫人会急于与他结婚，她的意向也不会实现。同时，她的家族也极力反对她与一个法国作家在一起，尤其是她的姑妈，根本不认为巴尔扎克有什么才华，只是听说他以出卖文字为生，且一直负债累累，做什么都不成功，是一个声名狼藉、四处勾搭富有遗孀的恶棍。而最令韩斯卡夫人顾虑的是她还有个待嫁的女儿，如果自己下嫁给一个身份、地位都不如自己的人，定会遭到上流社会的排挤，她女儿的婚事也会受到影响。

基于种种考虑，韩斯卡夫人让巴尔扎克一等再等，不过后来，她鼓足勇气，同意巴尔扎克来圣彼得堡解决问题。巴尔扎克当即卖了所有可以变成钱的稿子和一两部尚未动笔的剧本，经过一趟困苦的海上旅程后，于7月中旬在俄国首都登陆。

在阔别八年之后再重逢，巴尔扎克与韩斯卡夫人都感慨万千。巴尔扎克不断地催促她嫁给他，他把一切都计划好了，甚至连必备的文件都带来了，只要韩斯卡夫人点头，他随时可让领事主持婚礼。

对于巴尔扎克的热烈追求和极力催促，韩斯卡夫人却一再回避，她总是找各种借口想要摆脱他的要求，但也没有断然拒绝。最后，韩斯卡夫人给了巴尔扎克一个期限，等她的女儿嫁人以后，她便会接受巴尔扎克的求婚。

这次俄国之行虽然没有带回心上人，但毕竟有了新的目标和希望。这次出行，令不断与时间赛跑的巴尔扎克损失了4个月的创作时间。他新创作的剧作在他离开巴黎的这段时期已经开始了公演，但是并不受巴黎民众的欢迎。巴尔扎克想靠它来抵消去俄国的花费，并期望回来后过点轻松日子的想法似乎要破灭了。同时，他所购买的北方铁路股票也在这一时期跌入了谷底。在又一次陷入经济危机之后，他只得把这短期的旅行用彻夜的工作来弥补。

戏院的失利使巴尔扎克不得不重新开始小说的写作，这对于天下间的读者来说未尝不是一件好事。很快，他的《人间喜剧》又有了新的作品。首先，巴尔扎克修订了《私人生活场景》和《巴黎私人生活场景》，接着他又商洽了《农民》连载出版的各项事宜。《农民》这部书花费了巴尔扎克多年的时间，是他十分重视的一部小说，如今他将小说的连载权卖给《新闻报》，这样一来，他可以得到 1.4 万法郎的稿费，待这部书出版时，他还可以另外收取 1.2 万法郎。

这本是一桩极好的买卖，《新闻报》先行刊登了广告，他也写好了很多足够连载一段时间的章节。可巴尔扎克平时把发条上得太紧，而他的身体却越来越脆弱，于是有一天，他一直绷得紧紧的那根弦终于断了，他的身体再无法承担他无穷无尽的索要了。

巴尔扎克病倒了，他脸部的肌肉时常会痉挛，他本来就十分臃肿的身体现在更加肿胀，他经常头疼，眼球的周围会不时地抽动。被病魔折磨的巴尔扎克开始怀疑自己是否还有力量再写《农民》的第二部。

休息已经成了巴尔扎克最迫切的需要。1844 年 4 月，他写下了对自己的抱怨——

> 我陷入了一种昏睡不醒的泥沼中，我的意志力已经无法再驱使我的体力，它们要求休息了。咖啡已经无法再刺激它们。每次我刚刚醒来，又会再度睡去。我刚吃过早餐，又再次被睡意征服，很快又昏睡过去……大众在等着我，我却只剩下一具空皮囊。

最令巴尔扎克感觉恐惧的不只是身体上的疲倦，他的心力似乎也被损耗殆尽了。他觉得此时唯有韩斯卡夫人才能解救他。他觉得他全部的生命都完全集中在达成这个目标的努力上。他对写作再也提不起兴致来，他不再乐衷于构筑那些虚构人物的命运，他的思想早已飞去了远方，开始幻想构造自己梦想的生活——

> 1846 年时，我们在巴黎将拥有一幢最舒适的房子，我身上不再背负一分一毫的债务。我的《人间喜剧》将为我赚来 50 万法郎，还不算版税。我会和我的爱人在这间房子里做一对儿可爱的老夫老妻，两个相爱的人相守在一起，青春逝去又何妨呢？

也许是上天垂怜了这个可怜虚弱的文学家。1844 年，德·韩斯卡夫人又为巴尔扎克亮起了一盏希望的明灯。她的女儿和德勒斯登一位富有的伯爵订了婚。巴尔扎克高兴地想，最后阻碍韩斯卡夫人嫁给自己的障碍终于去除了！然而，事情却并非如巴尔扎克所愿，韩斯卡夫人宁可与女儿和未来的女婿住在一块儿，也不让巴尔扎克来看她。

1845 年春，他终于接到了韩斯卡夫人要见他的消息。属于他自己的爱情故事即将美满结局，这难道不比其他任何小说情节都重要吗？他把稿子都扔进抽屉，把母亲留下来同债主们周旋，让手下的编辑去平息读者的怒火，他自己则兴冲冲地赶往德勒斯登。

巴尔扎克在德勒斯登的那些日子里与韩斯卡夫人的女儿和女婿相处甚欢。他们结伴去了许多地方，在这期间，他一直没有放弃说服韩斯卡夫人同他一起回到巴黎。由于沙皇禁止俄国子民踏上法国的领土，巴尔扎克让韩斯卡夫人以自己妹妹的身份获得旅行许可证，而她的女儿安娜则以他外甥女的身份旅行。他帮她们在巴黎租了栋小房子，兴高采烈地带着她们到巴黎各处游逛。8 月，他们又前往枫丹白露、奥尔良等地，他还带她们游历了自己的故乡图尔，然后又去了鹿特丹、海牙和布鲁塞尔等地。10 月，她们抵达马赛，前往意大利南部海港那不勒斯。

身为艺术家，巴尔扎克的创作时期和创作灵感几乎只来源于逆境的趋势。而在与韩斯卡夫人一家相处的这段时间里，巴尔扎克一点工作都没做，但他觉得十分充实，也十分快乐。他把巴黎的亲友、出版商与债主全都抛在脑后。他在养精蓄锐。韩斯卡夫人仍没拿定主意嫁给他。也许是因为害怕与巴尔扎克独处，她觉得就这么无忧无虑地与巴尔扎克和女儿女婿到处游历也不错。

在 1845 至 1846 年间，巴尔扎克更像是一位古董商或美术收藏家。他对《人间喜剧》是否能够完成已经不在乎了，但他同时还在不停地想着如何用自己劳苦的成果为未来的新娘建起一幢华屋。

他将为韩斯卡夫人建造的房屋装点成一座宝库、一座画廊、一座博物馆。房间里一定要挂着名画，客厅里要铺上昂贵的地毯，家具一定要是精美并有着悠久历史的，桌柜上要摆满古董和漂亮的瓷器。

可是巴尔扎克一身的债务尚且没有偿清，哪有多余的钱财来购置古董？但巴尔扎克自有办法。他的母亲遗传给他的投机嗜好使他着迷于古董收藏，每到一城，他一定要淘弄一堆各种廉价的物品。于是，德国、荷兰、意大利等地的一筐筐的宝物相继运到他的寓所中。巴尔扎克对古董鉴别根本是个门外汉，他十分轻信这一行的学徒，经常受他们愚弄买下一堆堆的废物。但他还是不断向韩斯卡夫人炫耀，让她随时知晓他最近的收获。

巴尔扎克的行为令韩斯卡夫人感到不安，她一再叮嘱巴尔扎克要谨慎从事。而巴尔扎克一心为了韩斯卡夫人的未来生活而努力，他希望她能活得像个女王，在嫁给他后能够置身于艺术的光辉中，为了这个目标，他怎能罢手？他用一大堆详细的计算来安慰韩斯卡夫人，证明自己的投资是如何的经济、合理。事实上，德·韩斯卡夫人去世后，巴尔扎克的财产被拍卖,其中并无一件能让后世称作是"巴尔扎克收藏"的珍品的。

渐渐地,巴尔扎克自己也发现他的钱多半浪费在一堆废品上了,那些早先以为是中国的瓷器实际上都是荷兰造的。对此,他对韩斯卡夫人解释:"请相信我,搜集古董是一门十分深奥的学问。"

为了避免引起债主们的注意,巴尔扎克把他逐渐积累起来的家当都登记在韩斯卡夫人的名下,以便可以脱离债主们的上门追讨。巴尔扎克为了过上计划中那平实的、简单的生活,每年花费了至少4万法郎。但他并不觉得这些花销是超支的,理由是:雨果一年消费两万,结果只能活得像只老鼠。

家当有了,接下来便要寻觅一处好的房子。买房子对巴尔扎克而言可不只是买个住的地方,更是一笔高收益的投资。为了这个目标,巴尔扎克开始四处搜寻,到处看房子。1846年,他终于找到了他理想中的房子,那是一栋18世纪的建筑,以前曾归一位富农所有。巴尔扎克在获得房子所有权后,立即把他那些华美的家具、精贵的瓷器、铜质吊灯架和名画等全部运来。

说这里是巴尔扎克的私人博物馆一点儿也不为过。会客室里四壁垂着金饰,门上不是雕着花就是嵌着象牙。藏书室里一个嵌着龟壳的书架就花了他1.5万法郎,后来拍卖时,好不容易才找到一个买主肯出500法郎。楼梯铺着昂贵的地毯,所有无实际功能的空间都挤满了中国花瓶和孔雀石碗。

他最得意的则是他的"艺术走廊"。

其实这间房子的设计十分拙劣，巴尔扎克所说的"艺术走廊"是个长椭圆形的大厅，顶上镶着玻璃，四壁漆成白色和金色。有14座雕像围着圆圈而立，乌木柜里展示着各式古玩。墙上则挂着66幅巴尔扎克典藏的"名画"。

当他领着高迪埃前来观赏时，他的朋友被眼前的景象惊呆了。高迪埃惊叫道："你是在哪里发了横财，这么短时间内就真的过上贵族生活了？"

巴尔扎克黯然回答："不是你想的那样，我的朋友。我比以往任何时候都更穷了，这里的金碧辉煌没有一处是属于我的，我只是这幢房子的管事而已。"

为了这幢将要承载他未来美满生活的房子，巴尔扎克俨然成了一位收藏家。但一切打点妥当之后，巴尔扎克并没有立即住进这幢房子里。为提防债主们的搜寻，他暂时还住在原来的那间简朴的小寓所里。也许对巴尔扎克来讲，这间放着他的书桌的小寓所才是他的博物馆，而不是那幢挂着名画、铺着地毯、摆着古董的贵族式建筑。

封笔之作

在这两三个东奔西跑的年头中，巴尔扎克又购置了很多家当，表面上看起来，他拥有的东西越来越多了。他不只攒聚具体的舒适和奢侈之物，并且真正经历着一直梦寐以求的长时间的悠闲时光，与自己的心上人宁静地散步、轻松地交谈。这些都是巴尔扎克前所未有的生活，也是他此刻最刻意追寻的生命的快乐结局。可是他却失去了原有的那种排除一切一心创作的专注。

在前几年，他才写了一部出色的政治小说《一桩神秘案件》，并同时将小说《幻灭》收尾。这些杰作之后是《烟花女荣枯记》，小说将文学的世界与经济的世界相联结。早期小说里的主题都链接在一起，巴尔扎克用作品织成了一张大网。但是他却未能完成《农民》，这本是一部试图探索社会问题和城乡斗争的小说，这种在巴黎只被当作股票和市场的一桩事或是一个文学题材的城乡斗争，却在乡间保留着原始的形式。巴尔扎克原是要处理城市和乡村间斗争的社会大问题的，他在这本书上已花去太多的时间，他觉得《农民》将会是《人间喜剧》中极重要的一部。他一再回到这本书上来，甚至以先出版第一部来强迫自己把它完成，但总是中断。

究其原因，是他把精力都用在一些毫无分量的题材上，很多不贴近现实，还有些是韩斯卡夫人提供的素材，这些都无法展现巴尔扎克文学方面的霸气。巴尔扎克自己也曾说过："艺术家不论离弃自己的工作多久，都需要花一定的时间，才能再度进入状态。"

受债务所迫，巴尔扎克不再继续什么《农民》或什么《小资产阶级》的写作了，目前他写作的目的只能有一个，那就是为偿债，他的态度和举动让人觉得他已经不再对艺术感兴趣了。

在一封封寄给韩斯卡夫人的信上，巴尔扎克一再发誓，自己会发奋地工作，他让韩斯卡夫人相信，假如他夜以继日不停息地工作，一定能够偿还他欠下的所有债务——如今他的债额只剩6万法郎了。

6月份，他开始着手写《老乐师》和《贝姨》。于是他又回到从前昼夜颠倒的作息习惯，可是之前日常生活里令他兴奋的事情，如今却都使他烦躁和恼怒不已。"我希望星期一之前完成《老乐师》，只要像今天一样，每日清晨1点半起来便可。"这本小说的速度果然惊人，不到10天的时间，巴尔扎克便一反常态地说："我非常满意《老乐师》。"

6月底，他快乐地欢呼道，他终于完成了《寄生虫》（也就是之前的《老乐师》），他认为这部小说是一部上乘作品，不仅有朴实无华的感动，更有洞悉人心的犀利，而且较《图尔的教士》更清明易懂。

在完成《贝姨》时，他总怪自己进度太慢，不能迅速地完稿收钱。赶稿、校稿使他精疲力尽，他对大脑无节制地使用把医生都吓坏了。

9月，他与韩斯卡夫人会合。这趟休息是他用旷世巨著——《贝姨》换来的，这部小说是他登峰造极之作。他的观察力从未这样鞭辟入里，他的写作技巧更娴熟，笔法更现实、无情。在生命的盛年里，他的艺术成就已经达到了巅峰。

这两本小说写于长期休息之后，而其中并无虚假的理想主义或做作的伤感情节。它们反映了现实生活的痛苦以及对世界的真正了解。阶级已从他的眼里落下，对成功的表象与奢侈华美的排场他都已经无动于衷。在《高老头》和《幻灭》里，他对幻梦破灭的描述已具有与莎士比亚的《李尔王》相类似的功力。

巴尔扎克那卓尔不群的文学才华超越于他所处的时代之上，他曾开创出无限的价值，却无法迎合与他同时代人的品位。《贝姨》的背景虽然设定在 19 世纪前半期的巴黎，但这些都无关紧要，这部作品的背景同样可以移植到英国、德国、美国，甚至是任何国家、任何时代。巴尔扎克所探讨的是人类的原始情感。这部最后的小说里所展现的跌宕起伏的情节使得巴尔扎克早期作品中的伏脱冷黯然失色。巴尔扎克在这部作品中展现的现实主义批判、对现实社会的再现、人类之间的情感及原始的分析等，独步法国文坛，至今没有人能超越。

来之不易的婚礼

1846 年，巴尔扎克一直祈盼的事情来临了，韩斯卡夫人的爱女终于与伯爵举行了婚礼。身处婚礼现场的巴尔扎克在胸中再度升起了希望之火，阻碍他与韩斯卡夫人在一起的最后一个障碍终于扫除了,此行他还特意带来了必备的文件,准备秘密地与德·韩斯卡夫人举行婚礼。

而恰在此时,韩斯卡夫人怀孕了。巴尔扎克快乐地预测韩斯卡夫人怀了个男孩,并取好了名字,叫维克多·奥诺雷。由于情况的演变,婚礼变得迫切而必要。

但韩斯卡夫人仍然拿不定主意,她舍不得离开女儿,宁可和女儿女婿去度蜜月,也不肯和巴尔扎克结婚。巴尔扎克只好再回巴黎去修改校样。

第二年2月,韩斯卡夫人来到了巴黎,只要她请巴尔扎克去陪她,巴尔扎克必须服从。他的工作可以等他。无论她在何处,他总是抛下一切,急匆匆地跑去见她。她只需轻飘飘地向他示意一下,他就得满欧洲地奔忙。

可韩斯卡夫人依旧不想结婚,她对巴尔扎克了解得越多,就越加深了她不想结婚的决心。她随便找了个借口,说需先把事情都安排妥当了再说。他现在只剩下《农民》未完成,并只要再写一出剧本,就可把欠维斯康提家的1.5万法郎还清了。《新闻报》已经两度连载过《农民》,现在编辑要他把稿子全部交出才肯连载,巴尔扎克有生以来第一次不得不放下笔说:"我不能。"他设法偿还了订金,然后便追随韩斯卡夫人而去。

虽然巴尔扎克对自己的母亲评语极尽尖酸刻薄,但是已经年逾70的安·夏洛蒂仍然是他唯一能够信赖的人,因此远行之前,他把一屋子的宝贝家当交托给母亲保管。

巴尔扎克马不停蹄地赶路，将两个星期的行程缩短到一个多星期。他的出现令韩斯卡夫人惊讶不已。

巴尔扎克在韩斯卡夫人的宅子里感觉宾至如归，他觉得这就是自己梦寐以求的生活。这一生里他第一次不必想到钱，这里的他可以无忧无虑地享受着美味的餐点和舒适的住宿，还可以安心地阅读，而且没有债主上门催讨。

这一时期，巴尔扎克什么也没写。在和韩斯卡夫人一起的最后几年里，他总是不能安心写作，他是韩斯卡夫人及其女儿女婿的开心果，是他们无聊时供他们消遣的滑稽演员和小丑。

在巴尔扎克正乐而忘返的当口，巴黎突然传来消息，巴尔扎克买的铁路股票惨跌，他必须赶紧回去处理自己的失败投资。临行，韩斯卡夫人并未提起订婚或结婚的事。在乌克兰，她可以过着世外桃源般的生活，而到了巴黎，就意味着放弃这一切，而与一个奢侈、好投机的丈夫绑在一起，想想也不会平静和安宁。因此，她毫不迟疑地让巴尔扎克走了。

1848 年，巴尔扎克刚刚回国，法国就爆发了"二月革命"，王室被推翻。巴尔扎克想趁机角逐议员的提名，可是却没有人支持他。唯一肯把巴尔扎克的姓名列入候选人名单的政治派别就只有"兄弟会"组织，他们提出的条件是巴尔扎克必须坦白他的政治信仰，但巴尔扎克骄傲地拒绝了。

他的铁路股票跌得更低了，同时，他无法如约交出剧本，便以从俄国带回来的《继母》替代，《继母》于5月份在历史剧院演出，但因为巴黎仍在政治动乱中，演出未能引起民众的特别关注。他最重要的剧本《梅卡德》虽为法国戏剧委员会一致通过，上演却遥遥无期。

此外，巴尔扎克还欠《新闻报》一笔钱，久久未能偿还，《新闻报》对他提出控诉，巴尔扎克败诉。而巴尔扎克一字千金的时光仿佛已经过去了，如今他写一部短篇小说，只卖了很少的钱，仅供糊口而已。由于他长期没有进入工作状态，生活来源几近断绝。

尽管已经一贫如洗，但巴尔扎克那间博物馆般气派的房子却还在。巴尔扎克的母亲耐心尽职地守着巴尔扎克的这座私人博物馆。

虽然新居的一切都已经就绪，但韩斯卡夫人却绝口不提结婚的事情。巴尔扎克决定在9月底再去一趟俄国，催促韩斯卡夫人完婚。

临行前，巴尔扎克得知法国学会有两个名额空缺，于是想再碰碰运气，参加角逐。但评选在即，他不去其他会员家登门拜访，反倒远赴乌克兰，结果可想而知，他只得了两票。

当巴尔扎克再度拜访时，韩斯卡夫人却没有像之前那样欢迎他。在没答应婚约的情况下，巴尔扎克就开始为一栋她可能永远不会去住的房子上头疯狂花钱，这可把韩斯卡夫人吓坏了。现在花出去的钱并不是当初的10万法郎，而是它的3倍，即使富如韩斯卡夫人，也不能不说话了，她劝巴尔扎克赶快把房子脱手。巴尔扎克写信告诉母亲说："我花了这么一大笔钱，她却很气恼。"

巴尔扎克越来越沮丧，他的生命因为遭受重创而越来越虚弱，他的身体和神经常年处于紧绷状态，如今终于松垮下来。现在，不需什么风吹草动，巴尔扎克的体力和精力随时都会崩塌。

乌克兰一带的严寒不是出生在温暖的图尔的巴尔扎克所能承受的，在精神与气候的双重折磨下，巴尔扎克患上了支气管炎，同时，他的心脏也开始不像以前那样安分守己地工作了。那颗七年前就让医生摇头的心脏能坚持到现在其实已经很不容易了。

韩斯卡夫人对躺在病床上的巴尔扎克也冷淡了许多。巴尔扎克之前在韩斯卡夫人家人面前就是个只供消遣的角色，现在既然失去原有的功用，自然无法赢得关注，更别提关怀了。

等到巴尔扎克恢复到能够起床时，他却无法自由行走，每走一步他就要大口喘气，甚至连说话的力气都没有了。这场病使他虚弱得像个孩子，他已经无力提笔再写下一个字了。

他无法在俄国的冬季出门，上基辅和莫斯科的计划也取消了。他的许多器官都受了感染，他的眼睛不舒服，高烧一直不退，肺部炎症一直不消。虽然由两个医药观点走在时代前端的德国医师诊治，可是也只能暂时免除他的痛苦而已。

重病期间，他想起了很多故友和曾经帮助过他的人们。于是，他艰难地提起笔来给这些人写了信，他在信中无限感伤地叙述着自己的境况——

> 我已经与死亡靠得很近了，这种可怕的发烧是由脑部断断续续的感染引起的，它持续了两个月，我才刚痊愈一个星期，又开始了慢性心脏病的治疗。
>
> ……你不可以相信一个人会遗忘他最真心的朋友，我要你知道，我从未停止想过你、敬爱你、谈起你。
>
> 一个人站在 50 岁的年龄高度来看待生命，感觉是多么的与众不同！我们离自己希望达成的目标总是很远，而不幸开展得又何其迅速，幸福路上的绊脚石又何其多！

不论巴尔扎克有没有察觉自己已经不久于人世，医生们都一致认为他不可能再康复了，并且把这个消息告诉了韩斯卡夫人。虽然这段婚姻注定持续不了不久，但巴尔扎克放纵于奢侈和投机的危险也自然不会再有了。于是韩斯卡夫人答应了巴尔扎克的求婚，也算是了却了这个追求了自己多年的可怜人最后的心愿。

巴尔扎克已经病得不成样子，他的思想却敏锐如前，而他的记忆力也仍如摄影机一般，连最微小的细节也不会忽略。

3 月的一天，巴尔扎克和韩斯卡夫人终于举行了婚礼。他们不愿引起注意，这次婚礼仪式极为秘密，无人知晓。婚礼是在早上 7 时举行的，天空仍然灰蒙蒙一片。本来说好由席多米尔主教主持仪式，但他未露脸，因此由一位贵族教士沙罗斯基伯爵为他们行大礼。唯一的两位证人是为他们主持婚礼的那位教士的亲戚和韩斯卡夫人的女婿。

此后的几天，幸福好像使他恢复了健康，巴尔扎克忙着写信给他母亲、姐姐和纳克尔医生。在信中，他深情地描述着自己的婚姻——

> 我和我一生所钟爱的女人结婚了，我现在比以往任何时候都更爱她，而且我将这样爱她至死。我相信，这段姻缘是上帝留给我的补偿。我的春天没有花朵装饰，可是现在，我将享受灿烂的夏天和最快乐的秋天。

在写给母亲的家信中，巴尔扎克无法使新婚妻子加上两句问候自己母亲的附语，于是他只好借口妻子的手指因关节炎肿痛，不能提笔。

星辰陨落

巴尔扎克原本打算婚礼一结束就立即回巴黎。可是大雪封路，自己体力又差，只有耐心等待。期间，他又发作了几次严重的心脏病和肺炎，而且还伴随间歇性的失明。两星期后，他挣扎着写信告诉母亲，说他已经无法辨识自己所写的字了，他的眼睛无法视物，再也不能读写了。

也许他感觉到自己将不久于人世，就像远行前一定要拥抱母亲的人一样，巴尔扎克迫切地想要回到他的祖国。最后，他们还是决定动身回国，一路上吃尽了苦头。巴尔扎克极度虚弱，他没有胃口，总是大量出着冷汗。这时见到他的旧识都不认得他了。5月中旬，他们抵达了德勒斯登。此时的巴尔扎克几乎已经失明，他精气全无，连台阶都爬不动了。韩斯卡夫人的手指依然"肿疼"，不能替巴尔扎克代笔写家信，但她却能逛德勒斯登的珠宝店，并花了2.5万法郎买了一串漂亮的珍珠项链，而且还能写信给她的女儿，与她分享自己新购进珠宝的喜悦。

巴尔扎克特别叮嘱姐姐罗拉："我只有依靠你了，你一定要告诉妈妈，我们抵达时，她不能留在那里。"他要母亲把一切准备好后，房间里都点上灯，让仆人弗朗索瓦在门口迎接。

他们最后一段走的是铁路，可是火车误了点。他们的马车最后在门口停下时已经夜深。马车才赶到家门口，巴尔扎克便急于察看灯火和花朵是否照他的指示安排摆放，仆人弗朗索瓦是否站在门口等候。

整栋房子果然从上到下都灯火辉煌，可是却不见仆人弗朗索瓦。巴尔扎克按响了门铃，可是却无人应门。巴尔扎克不断地按着门铃，几个邻居聚集过来，巴尔扎克向他们询问，却没有人能答复他。他的妻子仍然端坐在马车里，车夫于是急忙去找锁匠。房门终于打开了，一幕惨景暴露在他面前。

仆人弗朗索瓦蹲在一间房里，人已经完全疯了。巴尔扎克不得不连夜将他送往疯人院。

巴尔扎克为了有一个属于自己的家庭，与苦心追求的女子共度余生，吃尽了很多苦头，付出了莫大的牺牲。而当一切都开始按他的梦想发展的时候，他却只能无力地等待死神降临。他计划再写 50 本书，完成《人间喜剧》，可是他现在已经失明，唯一留存下来由幸运街寄出给高迪埃的信，是出自他妻子之手，巴尔扎克只辛苦地写了几个东倒西歪的字："我再也不能读或写了。"

医生不许巴尔扎克移动，连说话也不行。他原本要向亲友和同行展示一屋子的华丽的。但雨果来看他时却只能由新居的女主人招呼他四处走走。巴尔扎克梦想的宫殿而今成了监狱，他独自躺在偌大的房里，他一直厌恶憎恨的母亲偶尔会悄悄地来看他，问他需要什么。而他的新婚妻子对他的状况既不焦虑也不关心，在德勒斯登停留时，她给女儿的信上只畅谈珠宝和服饰，字里行间丝毫不见她对垂死的巴尔扎克有任何情感的挂怀。即使现在，她还以绰号来称呼他："开心果抵达这里，情况比以前更糟了。他不能走路而且常常会昏倒。"

经过纳克尔在内的 4 个医生的会诊，大家一致认为只能帮他开些缓解病痛的药剂。巴尔扎克开始紧张，为自己不能完成《人间喜剧》而遗憾。

在雨果的回忆录中，描述了巴尔扎克临终时的情形——

　　我拉门铃，没人应。第二次时，门开了。一个女侍拿着蜡烛问道："您要见谁，先生？"她在哭，另一个女人进来说："他要死了。"她也在哭，"夫人已回房休息。自早上9点以来他就没说过话。夫人请来教士帮他做临终涂膏。他做了个手势表示知道是怎么回事。1小时后，他把手放到他姐姐苏维尔夫人手里。从11点起，他喉咙里就一直发出嘎嘎的声响。他活不过今晚了。如果您要见他，我就去请德·苏维尔先生，他还没上床。"

　　我到了巴尔扎克的房间。他的床在寝室中间，是桃花心木做的，床头、床尾均有带环和横木的装置，这样方便病人被搬动。巴尔扎克头枕着许多枕头，上面还加放了些红缎椅垫。他的脸倾向右边，紫里泛黑，他未刮胡须，头发被剪短了，灰白一片，眼睛凝视着某处。我看到的是他的侧面，他看来有如帝王……我掀起被褥抓住巴尔扎克的手，手上满是汗。我握了握它，可是没有反应，这让我禁不住将死亡和永恒相比较。

巴尔扎克于1850年8月17日晚上与世长辞。他的妻子早已回房歇息去了，唯一看他咽气的是他母亲。纳克尔医生开具他死亡的原因是"心脏的老毛病，因夜间工作以及饮用或纵饮咖啡而加剧"。

葬礼定在 5 天以后举行，追思仪式在圣菲利普·德·罗尔教堂举行。这一天，滂沱的大雨从天而降，巴尔扎克的遗体在大雨中被艰难地移往墓地。韩斯卡夫人请来了几位巴尔扎克的同行来为他送行，其中包括雨果、大仲马、圣勃夫等。显然韩斯卡

《巴尔扎克头像》——罗丹作品

夫人并不了解巴尔扎克，因为巴尔扎克生前与这些人并无深交，而且圣勃夫还是巴尔扎克毕生最痛恨的人。

人们把墓地选在了巴尔扎克生前一向喜爱的地方，那里将是巴尔扎克长眠之所。雨果在墓旁为巴尔扎克作最后的悼词——

　　如今已经长眠于地下的这个人令全国陷入了哀恸……从此，人们的眼睛将不再朝统治者的面孔仰望，而是朝向思想家。当这样一张面孔消逝时，举国为之震颤。今天，举国上下为一位天才的殒逝而忧伤。巴尔扎克之名将融入时代的洪流，为后世留下一条炫耀璀璨的足迹。

　　……他的一生是短促的，然而也是饱满的，他的

作品将比岁月还长久。

巴尔扎克这位勤奋的工作狂、前瞻的思想家、充满幻想的诗人和具有现实理想的哲人，在他活着的时候经历了充满斗争的惊涛骇浪般的生活，他也在这些磨难中被淬炼成一位文学巨匠。

没有一个作家能像巴尔扎克这样，如一台写作的机器，不停地飞速运转；也没有一个作家像他那样命运多舛。但也许正是生命中的激流、旋涡、暗礁和浅滩，使他在写作的旅途上马不停蹄地奔跑。

巴尔扎克再也听不见世人对他的称颂和赞美，但他的名字却早已响彻了世界。